Martin Haberer

Die 300 besten Pflanzen
für jede Gartensituation

Ulmer

Vorwort

Die wichtigsten Pflanzen im Garten sind Gehölze und Stauden. Während Bäume und größere Sträucher das Gerüst eines Gartens bilden, sind niedrige Ziergehölze und winterharte Stauden mit ihren unterschiedlichen Blatt- und Blütenfarben unentbehrlich für die ästhetische Wirkung. Sie bereichern Pflanzungen jeden Stils, vom Naturgarten bis zum architektonisch-strengen Stadtgarten. Ihre Früchte bieten in Herbst und Winter zudem wichtige Nahrungsquellen für Vögel und andere Tiere. Unter den Stauden finden Sie Arten für die Flächenbegrünung, aber auch höhere Wildstauden für naturnahe Gärten. Für die Bepflanzung von Beeten eignen sich die farbenprächtigen Beetstauden mit ihren auffälligen Blüten in den verschiedensten Farben.

In diesem Werk werden die 300 schönsten Gehölze und Stauden für die fünf häufigsten Standorte beschrieben und jeweils mit Foto vorgestellt. Die Pflanzen sind eingeteilt in den sonnigen, halbschattigen und schattigen Bereich, Steingarten oder Wasserrand. Berufsanfänger und Gartenbesitzer bekommen mit diesem Buch eine Anleitung an die Hand, mit der Pflanzen für die wichtigsten Gartenstandorte schnell und einfach ausgewählt werden können.

Mein besonderer Dank gilt allen Mitarbeitern des Verlags Eugen Ulmer, welche an diesem Projekt mitgearbeitet haben.

Martin Haberer, Nürtingen

Inhaltsverzeichnis

Einführung

Die harmonische Verwendung von Gehölzen und Stauden soll dem Leser mit diesem Werk erleichtert werden. Aus diesem Grund ist die Einteilung in fünf Hauptgruppen sinnvoll. Innerhalb jedes Hauptkapitels werden zuerst die dafür geeigneten Stauden vorgestellt, dann die dazugehörenden Gehölze. Neben der Angabe der gebräuchlichsten deutschen Namen, wird auch der botanische Name und die Familienzugehörigkeit erwähnt, wie es in der gärtnerischen Praxis üblich ist.

Damit Sie die wichtigsten Merkmale der Pflanzen auf einen Blick sehen können, wurden bei den Porträts Symbole und Abkürzungen benutzt, die im Folgenden erklärt werden.

Abkürzungen und Symbole

subsp. *Subspecies* = Unterart mit von der Art abweichenden Merkmalen

var. *Varietät* = Varietät mit abweichenden Merkmalen

× Kreuzung zweier nah verwandter Gattungen oder Arten

Wuchshöhe (H) und Blütenhöhe (Bl) in cm (bei den Stauden)

Wuchshöhe (H) und Breite (B) in m (bei den Gehölzen)

Blütezeit (Monate in römischen Ziffern)

Blatt- bzw. Nadellänge (L) und Breite (B) in cm
 immergrün

 wintergrün

 sommergrün

 Geselligkeit

Giftige Pflanze

Die Geselligkeit nach Hansen und Müssel beschreibt die Art der Pflanzung. Die römischen Ziffern geben eine Empfehlung, ob eine Staudenart in kleinen Tuffs oder flächig verwendet werden sollte. Es werden folgende Geselligkeitsstufen unterschieden:
I. möglichst einzeln oder in kleinen Gruppen
II. in kleinen Tuffs von 3–10 Pflanzen
III. in größeren Gruppen von 10–20 Pflanzen
IV. in größeren Kolonien, ausgesprochen flächig
V. vorwiegend flächig

Unter dem Stichwort Verwendung sind die Stückzahlen pro Quadratmeter angegeben, die für eine flächige Verwendung notwendig sind. Die niedrigere Zahl gibt dabei den Pflanzenbedarf an, wenn eine langlebige Pflanzung geplant ist. Der höhere Wert beschreibt den Pflanzenbedarf für eine sich schnell schließende Bodendecke. Bereits nach einem Jahr soll diese Pflanzung den Boden vollständig beschatten. Aus der Stückzahlangabe lässt sich der Pflanzabstand ermitteln.

Verwendung

In diesem Werk soll die Verwendung der schönsten winterharten Gartenpflanzen Vorrang haben. In jeder der fünf Hauptgruppen werden Stauden und Gehölze gesondert behandelt. In der Regel wurden 20 Gehölze und 40 Stauden aus einer Vielzahl von Arten ausgesucht. Diese Pflanzen sind nach ihrem botanischen Namen in alphabetischer Reihenfolge der Gattungen und Arten innerhalb der beiden Gruppen geordnet, sodass eine rasche Übersicht und Auswahl möglich ist.

Pflanzen für Sonnenplätze bevorzugen Freiflächen aller Art und Beete an tiefgründigen, aber auch trockenen Plätzen. Viele Arten haben besondere Einrichtungen für den Verdunstungsschutz ausgebildet, dazu zählen Dornen, Stacheln, Behaarung und Sukkulenz.

Die meisten Beetstauden gehören in diese Gruppe. Sie entstanden durch Züchtungen aus den oft unscheinbaren, aber eleganten Wildstauden, benötigen aber mehr Pflege als diese. Ihre farbenprächtigen großen Blüten eignen sich meist auch gut für den Vasenschnitt.

Pflanzen für den Halbschatten wachsen gern am Rand von größeren Gehölzen oder an Hauswänden. Die meisten Pflanzenarten fühlen sich dort in humosen Böden wohl, weil der Platz nicht so stark austrocknet. Hierher gehören viele Wildstauden, also Gewächse, die noch einen ursprünglichen Charakter aufweisen und weniger Pflege bedürfen. Viele Wildstauden erfreuen uns zusätzlich noch durch die Bildung vieler Blüten.

Schattenpflanzen gedeihen gut im tiefen Schatten unter hohen Bäumen oder im Schlagschatten von Gebäuden, da sie kaum Sonnenlicht benötigen. Die Blüten dieser Pflanzen sind, bis auf die der Rhododendren, meist filigran und wenig farbenfroh. Jedoch gibt es hier ein breites Spektrum an Blattformen und -farben. Die meisten Arten bevorzugen humose und kalkarme Böden.

Steingärten und Trockenmauern bieten vielen Pflanzen ideale Wachstumsbedingungen. Vorhandene Steine speichern die Wärme und geben diese langsam an die Umgebung ab, außerdem leiten die durchlässigen Böden Feuchtigkeit gut in den Untergrund ab. Vorwiegend werden Steingärten in sonnigen Lagen angelegt. Die dafür geeigneten Pflanzen besitzen unterschiedliche Anpassungen, um den Wasserverbrauch zu verringern.

Es gibt aber auch viele Pflanzen, die für nordseitige Trockenmauern geeignet sind.

Teichränder und Moore sind ganz spezielle Standorte, welche vorwiegend von feuchtigkeitsliebenden Stauden besiedelt werden.

Bei den Gehölze gibt es nur wenige, die sich für dauerfeuchte Lagen eignen. Einige von ihnen werden auch sehr groß und sind somit für den Hausgarten nicht geeignet. Besser zu verwenden sind deshalb verschiedene Zwerggehölze, die in Heidegebieten vorkommen.

Der Untergrund soll meist sauer, humos, mit Wasser gesättigt, aber gut besonnt sein.

Gehölze und Stauden im Überblick

Bäume und Sträucher bilden das Gerüst jeder Pflanzung – sei es im Garten oder in der freien Landschaft. Da sie verholzende Triebe und Stämme bilden, können sie viele Jahre alt werden.

Stauden sind dagegen krautige, aber mehrjährige Gewächse. Viele überwintern oberirdisch, andere besitzen unterirdische Speicherorgane wie Rhizome (Erdsprosse), Zwiebeln oder Knollen. Damit sie optimal zur Wirkung kommen, benötigen sie einen Hintergrund mit Gehölzen.

Nadelgehölze sind den Nacktsamern zuzuordnen, den Gymnospermae. Ihre Blüten sind einfach gebaut, die männlichen Pollen werden in großer Zahl gebildet und vom Wind verbreitet. Aus diesem Grund sind keine auffälligen Blütenfarben erforderlich, denn es müssen keine Insekten angelockt werden. Als Frucht werden meist Zapfen gebildet (Koniferen = Zapfenträger). Zwischen den verholzenden Schuppen befinden sich die geflügelten Samen, welche bei der Reife ebenfalls vom Wind verbreitet werden.

Bei den Wacholderarten werden sogenannte Beerenzapfen gebildet, hier sind einige Zapfenschuppen zusammengewachsen.

Die Eiben gehören zwar zu den Nacktsamern, aber nicht zu den Koniferen. Sie bilden Früchte mit einem auffälligen Fruchtmantel (Arillus), welcher von Vögeln geschätzt wird. Der darunter verborgene Samenkern ist hart und wird von den Vögeln wieder ausgeschieden und dadurch verbreitet.

Die Assimilationsorgane sind meist immergrün (Ausnahme Lärche), zu Schuppen oder Nadeln reduziert und durch eine Wachsschicht vor übermäßiger Verdunstung geschützt.

Wegen ihrer Anspruchslosigkeit gedeihen die meisten Koniferen in höheren, kühleren Berglagen oder an trockenen und warmen Standorten.

Für die meisten Gärten sind die niedrig bleibenden Koniferen besonders geeignet, viele kommen für Vorgärten, Steingärten oder für die Grabbepflanzung in Betracht.

Laubgehölze gehören zu den Bedecktsamern, den Angiospermae. Deren weibliche Blütenanlagen sind im Fruchtknoten verborgen, also vor Witterungseinflüssen geschützt. Die Bestäubung geschieht durch Tiere oder den Wind. Auffällige Blüten, teilweise auch duftend, dienen der Anlockung von Insekten oder anderen Tieren. Im Laufe von Jahrmillionen wurden immer raffiniertere Blütenformen gebildet und die Bestäuber haben sich darauf eingestellt. Pflanzen und Tiere sind dadurch voneinander abhängig geworden. In den Tropen übernehmen auch Fledermäuse und Vögel die Bestäubung der Blüten. Die Früchte von Laubgehölzen werden vom Wind oder von Tieren weiterverbreitet.

Laubbäume für unsere Gärten kommen aus den Regionen der Welt, wo ähnliche Bedingungen wie in Mitteleuropa herrschen. Sie bilden einen oder mehrere Stämme aus, die durch das sekundäre Dickenwachstum der Zellen immer dicker werden. An den Jahresringen kann man das Alter der Bäume exakt ermitteln. Im Frühjahr produziert das Kambium (Ring aus teilungsfähigen Zellen) weite Zellen, die dem

Bei guter Planung und sorgfältiger Pflanzenauswahl werden Sie schon bald mit einem üppigen Pflanzenmeer belohnt.

Wachstum dienen, im Herbst dagegen bilden sich enge Zellen zur Festigung des Gewebes. Laubabwerfende Bäume stellen während der blattlosen Winterzeit das Wachstum ein.

Immergrüne Laubgehölze können dagegen im Winter bei milder Witterung weiterhin assimilieren. Sie stammen meist aus wärmeren Gebieten und behalten ihre Blätter viele Jahre. Bei strengen Frösten oder längerer Trockenheit im Sommer leiden diese Arten wegen zu hoher Verdunstung. Daher sind schattigere Bereiche mit humosen Böden für diese Pflanzen als Standort zu empfehlen.

Sträucher entwickeln keine einzelnen Stämme, sondern viele holzige Triebe aus der Basis heraus. Die heimischen Straucharten sind gut für die Verwendung in der offenen Landschaft geeignet, da sie sehr anspruchslos sind.

Für den Garten stehen aber auch prächtige Blütensträucher zur Verfügung, die aus den gemäßigten Zonen der Erde stammen und in Frühling und Sommer besonders reich blühen, einige Arten auch im Winter. Diese benötigen jedoch in der Regel mehr Pflege, manche auch einen Winterschutz.

Flächendeckende Gehölze werden heute in großer Zahl verwendet. Viele von ihnen sind immergrün und daher ganzjährig attraktiv. Sie beschatten und festigen den Boden, wodurch die Bodenpflege vereinfacht wird.

Schling- und Kletterpflanzen haben eine besondere Beachtung verdient. Die meisten sind Waldpflanzen, die an größeren Gehölzen hinaufklettern, bis sie genügend Licht erhalten, das für die Bildung von farbenprächtigen Blüten und Früchten ausreicht. Je nach Klettertechnik können die Pflanzen vertikale Flächen mit oder ohne Gerüst begrünen.

Zwergsträucher bleiben klein und meist kompakt, sie eignen sich daher für Vorgärten, Steingärten, aber auch für Gefäße. Viele erfreuen uns mit einer hübschen Blüte. Zusammen mit Steingartenstauden und Wildblumenzwiebeln können schöne Frühlingsecken im Garten geschaffen werden.

Beetstauden benötigen offene, nährstoffreiche Böden, meist in sonniger Lage und verlangen einen hohen Pflegeaufwand. Im Garten finden sie in Beeten oder Rabatten Verwendung. Die meisten Arten und Sorten blühen im Sommer. Viele dieser prächtigen Blüten sind auch zum Schnitt geeignet. Durch intensive Züchtungsarbeit sind viele Sorten entstanden, welche die Ausgangsart in vielerlei Hinsicht übertreffen.

Wildstauden gibt es für alle möglichen Standorte im Garten. Sie sind züchterisch wenig bearbeitet und an geeigneten Stellen anspruchslos. Manche Arten breiten sich sehr stark durch Ausläufer oder Versamung aus. Sonnenliebende Wildstauden haben verschiedene Einrichtungen zum Verdunstungsschutz entwickelt. Dazu zählen Dornen, Stacheln, Behaarung, Sukkulenz, Graufärbung sowie die Minimierung der Blattoberfläche. Aus diesem Grund sind sie in der Lage, Trockenheit und Hitze, aber auch Kälte zu ertragen.

Schattenliebende Wildstauden haben meist immergrüne, breite Blätter, damit sie auch noch in ungünstigen Lagen gedeihen und blühen können.

Dazu zählen auch viele Farne, die meist für schattige Plätze in humosen Böden dankbar sind. Sie besitzen keine Blüten, sind aber durch ihre Gestalt außerordentlich reizvoll. Ihre Vermehrung erfolgt durch winzig kleine Sporen, die von Wind und Wasser verbreitet werden.

Ziergräser sind vielfältig verwendbar. Die meisten Arten bevorzugen sonnige und warme Standorte, denn viele stammen ursprünglich aus der Steppe oder der Prärie. Man erkennt sie an silbergrauen, braunen oder gelblichen Halmen und schmalen Blättern. Waldgräser haben meist breite, dunkelgrüne Blätter. Sie bevorzugen humose Böden unter Gehölzen.

Die zierenden Fruchtstände sorgen während den Wintermonaten für interessante Blickpunkte im Garten.

Sumpf- und Wasserpflanzen benötigen einen besonders sonnigen Standort. Ein Feuchtbiotop im Garten kann viel Freude bereiten, vor allem, wenn es so tief angelegt wird, dass es auch in strengen Wintern nicht durchfriert. Einige Stauden leben am Wasserrand, wo der Boden dauerfeucht ist. Andere, wie die Seerose mit ihren herrlichen Blüten, sind auch für größere Wassertiefen geeignet.

Zwiebel- und Knollengewächse besitzen unterirdische Speicherorgane, mit denen sie ungünstige Jahreszeiten überdauern können. Die Blüten erscheinen, je nach Art, im Frühling oder im Herbst, im Anschluss daran erst die Blätter. Die zierlichen Arten gehören in den Steingarten, höhere dagegen auf Beete und Rabatten. Wenn sie im Garten tiefer als 20 cm gepflanzt werden, kann man viele Jahre Freude an ihnen haben. Die nach der Blüte erscheinenden Blätter sollten erst dann entfernt werden, wenn sie vergilbt sind.

Die Schwertlilie ist nach den Zwiebelblühern eine der ersten. Ihr Farbspektrum reicht von Gelb, über Orange bis zu allen möglichen Blau-, Weiß- und Violettschattierungen.

Wissenswertes

Herbstfärbung: Die meisten Bäume und Sträucher verlieren im Herbst ihre Blätter, sie verringern dadurch die Verdunstung. Alle verwertbaren Stoffe aus den Blättern werden vorher abgebaut und im Stamm eingelagert. Zunächst wird das Blattgrün abgezogen. Die bis dahin vom Chlorophyll überlagerten Stoffe kommen nun für kurze Zeit zur Wirkung. Je nach Vorkommen verschiedener Inhaltsstoffe wie Karotin, Anthocyan oder Xanthophyll ist die Färbung der Blätter orange, rot oder gelb. Nach einigen Tagen dann werden auch diese Farbstoffe abgebaut und die braunen Blätter fallen zu Boden. Eine Korkschicht am Blattansatz verhindert dabei, dass Zellsäfte verloren gehen.

Die herbstliche Färbung der Stauden ist meist weniger spektakulär als bei den Gehölzen. Dennoch bringen einige Stauden, darunter auch viele Ziergräser, überraschende Farbtöne hervor, wenn die Tage kürzer und die Temperaturen niedriger werden.

Heimische Stauden haben sich an das jeweilige Klima angepasst und sind dort völlig anspruchslos. Am natürlichen Standort sollten sie keinesfalls ausgegraben werden. Viele von ihnen stehen unter strengem Schutz.

Fremdländische Stauden, die in unseren Gärten anzutreffen sind, stammen aus den gemäßigten Zonen der ganzen Welt. Häufig sind sie anspruchsvoll in Bezug auf Klima und Standort. Manche Arten fallen durch besonderen Wuchs oder Blattfärbung auf. Diese kann ganzjährig oder nur beim Austrieb beobachtet werden.

Die prächtigen Blütenstauden blühen besonders reich im Frühsommer und Sommer. Blumenzwiebeln dagegen haben ihren Höhepunkt im Frühling, manche auch im Herbst.

Ein Platz an der Sonne

Haben Sie in Ihrem Garten einen Platz, an dem die Sonne mehr als acht Stunden am Tag scheint? Wo der Boden humos und nicht zu trocken ist? In diesem Kapitel finden Sie sonnenliebende Gehölze und farbenfrohe Begleiter.

 H: 30 cm Bl: 120   VI–IX   I   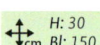 H: 30 cm Bl: 150   VI–VII   I

Achillea filipendulina

Gold-Garbe, Hohe Schaf-Garbe
Asteraceae, Asterngewächse

Heimat: Kaukasus bis Kleinasien.
Wuchsform: Horstbildend, aufrecht, bis 120 cm.
Blatt: Wechselständig, graugrün gefiedert, bis 15 cm lang, duftend.
Blüte: Flache Scheindolden am Triebende, goldgelb, VI–IX.
Fruchtstand/Frucht: Scheindolde, Frucht unscheinbar, Samen klein.
Verwendung: Rabatten. Schnittpflanze. Trockenbinderei. 4–6 Pfl./m².
Vermehrung: Teilung und Aussaat im Frühling.
Sorten: 'Parker', goldgelb, 120 cm; 'Coronation Gold' (Bild).
Ähnliche Art: *A. clypeolata*, goldgelb, graulaubig, bis 60 cm hoch, Steingarten.
Pflege: Nachblüte, wenn Rückschnitt nach dem ersten Blütenflor erfolgte.

Allium giganteum

Riesen-Lauch
Alliaceae, Lauchgewächse

Heimat: Mittelasien, Himalaja.
Wuchsform: Eintriebige Zwiebelpflanze bis 150 m hoch.
Blatt: Breit-lanzettlich, bis 30 cm, graugrün.
Blüte: Dichte zusammengesetzte Dolde, 10–12 cm breit, Blüten rosa, VI–VII.
Fruchtstand: Dekorative zusammengesetzte Dolde mit Kapselfrüchten.
Verwendung: Beete. Auffällige Staude. Schnittpflanze. 6–15 Pfl./m².
Vermehrung: Aussaat.
Ähnliche Art: *A. stipitatum*, Blütenkugel bis 90 cm hoch, rosa; 'Purple Sensation', bis 90 cm hoch, rotviolette Blütenkugeln.
Pflege: Verdorrtes Laub kann vorsichtig entfernt werden.

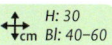 H: 30 cm Bl: 40–60   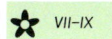 VII–IX   II   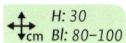 H: 30 cm Bl: 80–100   V–VI   II

Anaphalis margaritacea

Silberimmortelle, Perlkörbchen
Asteraceae, Asterngewächse

Heimat: Nördliches N-Amerika, Japan.
Wuchsform: Breit aufrecht, Verbreitung durch kriechende Rhizome.
Blatt: Schmal–lanzettlich, 7–12 cm lang, unterseits weißwollig.
Blüte: In lockeren Köpfchen, weiß, VII–IX.
Frucht: Pergamentartig, weiß.
Verwendung: In größerer Zahl in lockeren Böden. Trockenbinderei. 11 Pfl./m².
Vermehrung: Teilung, Abtrennung der Ausläufer, Aussaat.
Sorte: 'Neuschnee', 40–50 cm hoch.
Ähnliche Art: *A. triplinervis*, 20–40 cm hoch, nicht wuchernd.
Pflege: Robuste Pflanze, die keine Pflege braucht.

Asphodeline lutea

Junkerlilie
Asphodelaceae, Junkerliliengewächse

Heimat: Mittelmeergebiet.
Wuchsform: Horstig, aufrecht.
Blatt: Lineallanzettlich, 30 cm lang, grau–blaugrün, wintergrün.
Blüte: Dichte Blütentraube, 80 cm hoch, gelb, V–VI.
Frucht: Kugelig, mit 3-kantigem, schwarzen Samen.
Verwendung: Sonnige Böschungen; Kiesflächen, Steinterrassen. 6–11 Pfl./m².
Vermehrung: Aussaat und Teilung.
Pflege: Winterschutz vorteilhaft.

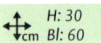 H: 30 cm Bl: 60   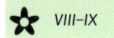 VIII–IX   II

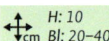 H: 10 cm Bl: 20–40   VIII–X   II

Aster amellus

Berg-Aster
Asteraceae, Asterngewächse

Heimat: Südliches Mitteleuropa bis Armenien und Sibirien.
Wuchsform: Horstig, aufrecht, am Grund verholzend.
Blatt: Breit-lanzettlich, rauhaarig, 4–6 cm lang.
Blüte: Blütenstand verzweigt, blauviolett mit gelber Scheibe, VIII–IX.
Fruchtstand/Frucht: Körbchen; Samen mit Pappus.
Verwendung: Wildstaudenpflanzungen auf durchlässigen Böden in sonniger Lage. 6 Pfl./m^2.
Vermehrung: Stecklinge von April bis Mai; Aussaat möglich.
Sorten: 'Kobold', violett, 40 cm; 'Veilchenkönigin', dunkelviolett, 55 cm (Bild).
Pflege: Zur Verjüngung alle 3–4 Jahre teilen.

Aster dumosus

Kissen-Aster
Asteraceae, Asterngewächse

Heimat: N-Amerika.
Wuchsform: Aufrecht, kissenartig, aber mit kriechendem Wurzelstock.
Blatt: Lineal-lanzettlich, ganzrandig, grün.
Blüte: Körbchenblüten in doldigem Blütenstand, lila mit gelber Scheibe, VIII–X.
Fruchtstand/Frucht: Körbchen; Samen mit Pappus.
Verwendung: In Wildstaudenpflanzungen in Gruppen, Rabatten, Einfassungen. 11 Pfl./m^2.
Vermehrung: Triebrisslinge im Frühling, Teilung.
Sorten: 'Herbstgruß vom Bresserhof' (Bild), violettrosa, 40 cm; 'Prof. Anton Kippenberg', lavendelblau, 40 cm; 'Schneekissen', weiß, 30 cm.
Pflege: Rückschnitt nach der Blüte im Herbst oder im zeitigen Frühjahr.

 H: 60 cm Bl: 180   IX–X   I

 H: 50 cm Bl: 150   IX–X   I

Aster novae-angliae

Raublatt-Aster
Asteraceae, Asterngewächse

Heimat: N-Amerika.
Wuchsform: Aufrecht, horstig, Stiele beblättert, kurze Ausläufer.
Blatt: Rau behaart, lanzettlich, bis 5 cm lang.
Blüte: Blütenköpfe 2,5–4 cm groß, Scheibenblüten gelb, Zungenblüten weiß, rosa, rot oder blau, Blütenstand verzweigt, IX–X.
Fruchtstand/Frucht: Körbchen; Samen mit Pappus.
Verwendung: Wichtige Leitstaude in Staudenbeeten und Rabatten. Bienenweide. 1 Pfl./m².
Vermehrung: Teilung.
Sorten: 'Alma Pötschke', 100 cm, lachsrosa; 'Herbstschnee', 130 cm, weiß; 'Rubinschatz', 130 cm, rot; 'Rudelsburg', 120 cm, lachsrosa (Bild).
Pflege: Rückschnitt nach der Blüte im Herbst oder im zeitigen Frühjahr.

Aster novi-belgii

Glattblatt-Aster
Asteraceae, Asterngewächse

Heimat: N-Amerika.
Wuchsform: aufrecht, horstig, dicht–buschig.
Blatt: Glatt, lanzettlich, dunkelgrün, 4–5 cm.
Blüte: Köpfchen in lockeren Doldenrispen, Scheibenblüten gelb, Zungenblüten blau, rosa, rot oder weiß, IX–X.
Fruchtstand/Frucht: Körbchen; Samen mit Pappus.
Verwendung: Einzeln oder in Gruppen auf Rabatten. Schnittpflanze. 1,5 Pfl./m².
Vermehrung: Teilung im Herbst oder Frühling.
Sorten: 'Crimson Brocade', 100 cm, rot; 'Dauerblau' (Bild), 140 cm, dunkelblau; 'Fellowship', 100 cm, rosa; 'Weißes Wunder', 120 cm, weiß.
Hinweis: Anfällig für Mehltau.
Pflege: Rückschnitt nach der Blüte im Herbst oder im zeitigen Frühjahr.

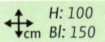 H: 100 cm Bl: 150 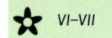 VI–VII I

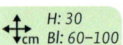 H: 30 cm Bl: 60–100 VI–VII II

Calamagrostis × acutiflora 'Karl Foerster'

Garten-Reitgras
Poaceae, Süßgräser

Heimat: Züchtung.
Wuchsform: Horstig, macht keine Ausläufer wie die Wildpflanze.
Blatt: Linealisch, grün, im Herbst gelb. Früher Austrieb.
Blüte: Rispe weitgefächert, an langen Halmen im VI–VII.
Fruchtstand/Frucht: Rispe, unscheinbare Karyopse.
Verwendung: Einzelstand in Beeten und Wildstaudenpflanzungen. Schnittpflanze. Wertvoller Fruchschmuck. 1 Pfl./m².
Vermehrung: Teilung im Frühling.
Pflege: Rückschnitt im zeitigen Frühjahr vor dem Neuaustrieb.

Campanula persicifolia

Pfirsichblättrige Glockenblume
Campanulaceae, Glockenblumengewächse

Heimat: Europa, Balkan bis Sibirien.
Wuchsform: Aufrecht, locker, bogig überhängend, treibt Ausläufer.
Blatt: Schmal, glänzendgrün, Stängel beblättert.
Blüte: Breitglockig, groß, leuchtend blau, VI–VII.
Frucht: Kapsel.
Verwendung: Wildstaudenpflanzungen, Rabatten. Schnittpflanze (langstielig). Bienenweide. 11–16 Pfl./m².
Vermehrung: Teilung nach der Blüte.
Sorten: 'Grandiflora Alba', weiß; 'Telham Beauty', große, blaue Blüten.
Pflege: Auf kalkreichen Böden keine Pflege notwendig.

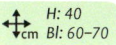 H: 40 cm Bl: 60–70   V–X   II

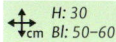 H: 30 cm Bl: 50–60   IX–X   I–II

Centranthus ruber

Spornblume
Valerianaceae, Baldriangewächse

Heimat: Mittelmeergebiet, S-Deutschland.
Wuchsform: Aufrecht, horstig.
Blatt: Breit eiförmig, gegenständig, blaugrün.
Blüte: Langspornig, end- und achselständig in Trugdolden, dunkelrosarot V–X.
Fruchtstand: Trugdolde; Samen mit fallschirmartigem Pappus.
Verwendung: Für Beete, Mauerkronen, Kiesflächen. Schnittpflanze. Heilpflanze. 11 Pfl./m².
Vermehrung: Aussaat im Frühling, sät sich reichlich selbst aus.
Sorten: 'Albiflorus', weiß, 'Coccineus', rot (Bild).
Pflege: Verblühtes laufend entfernen. Sehr anspruchslos, aber wärmeliebend.

Chrysanthemum × grandiflorum

Garten-Chrysantheme
Asteraceae, Asterngewächse

Heimat: Züchtung.
Wuchsform: Aufrecht, horstig, dichtbuschig. Stängel beblättert und verzweigt.
Blatt: Eiförmig, gelappt, mattgrün.
Blüte: Körbchen, einfach oder gefüllt. Je nach Sorte weiß, gelb, orange, rot, IX–X.
Fruchtstand: Körbchen, Samen klein.
Verwendung: Spätblühende Beetstaude. Schnittpflanze. 6 Pfl./m².
Vermehrung: Kopfstecklinge nach der Blüte, Teilung im Vorfrühling.
Sorten: Unzählige Sorten in vielen Farben und Füllungsgraden; 'Clara Curtis', rosa.
Pflege: Rückschnitt nach der Blüte im Herbst oder vor dem Austrieb etwa eine Handbreit über dem Boden.

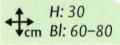 H: 30 cm Bl: 60–80   VII–X   II

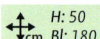 H: 50 cm Bl: 180   VI–VII   I

Coreopsis grandiflora

Großblütiges Mädchenauge
Asteraceae, Asterngewächse

Heimat: USA.
Wuchsform: Locker aufrecht, horstbildend.
Blatt: Frischgrün, lanzettlich, fiederschnittig, bis 15 cm lang.
Blüte: Goldgelbe Körbchenblüten einzeln an langen Stielen, bis 10 cm groß, VII–X.
Fruchtstand/Frucht: Geflügelte Samen.
Verwendung: Wichtige, langblühende Beetstauden. Schnittpflanze. 9 Pfl./m².
Vermehrung: Teilung nach der Blüte, Aussaat im Frühling.
Sorten: ‘Badengold’, goldgelb, 80 cm (steril); ‘Early Sunrise’, goldgelb gefüllt, 60 cm (Bild); ‘Tetragold’, goldgelb, großblütig, 80 cm.
Pflege: Rückschnitt im Herbst.

Delphinium-Elatum-Gruppe

Garten-Rittersporn
Ranunculaceae, Hahnenfußgewächse

Heimat: Züchtung.
Wuchsform: Aufrecht, horstbildend, Stängel beblättert, unverzweigt.
Blatt: 3-zählig bis handförmig, frischgrün.
Blüte: Hell- bis dunkelblau, violett, weiß.
Frucht: Balgfrucht.
Verwendung: Einzeln oder in kleinen Gruppen auf Beeten. Schnittpflanze. 2 Pfl./m².
Vermehrung: Teilung des Wurzelstocks im Vorfrühling; Stecklinge mit Wurzelansatz, IV.
Sorten: ‘Azurriese’, 170 cm, azurblau; ‘Berghimmel’, 180 cm (Bild), hellblau; ‘Sommernachtstraum’, 130 cm, dunkelblau.
Hinweis: Mehltauanfällig.
Pflege: Rückschnitt nach der Blüte im Herbst oder im zeitigen Frühjahr.

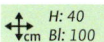 H: 40 cm Bl: 100 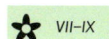 VII–IX II   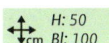 H: 50 cm Bl: 100 VII–IX I

Echinacea purpurea

Roter Sonnenhut
Asteraceae, Asterngewächse

Heimat: USA.
Wuchsform: Straff aufrecht, horstig.
Blatt: Verkehrt-eiförmig, Blattrand gesägt, dunkelgrün.
Blüte: Blütenköpfe einzeln, Scheibe gewölbt, Strahlenblüte weinrot, VII–IX.
Fruchtstand/Frucht: Körbchen, Samen länglich.
Verwendung: Einzeln oder in Gruppen auf sonnigen Rabatten. Schnittpflanze. Heilpflanze. 6–11 Pfl./m².
Vermehrung: Teilung im Frühling, Wurzelschnittlinge im Winter.
Sorte: 'The King', karminrot, gute Schnittsorte.
Pflege: Rückschnitt nach der Blüte im Herbst oder vor dem Austrieb etwa eine Handbreit über dem Boden.

Echinops ritro

Kugeldistel
Asteraceae, Asterngewächse

Heimat: S- und O-Europa, Russland.
Wuchsform: Aufrecht, steif, horstig.
Blatt: Doppelt fiederspaltig, bedornt, graugrün, unterseits graufilzig.
Blüte: Kugelige Blütenköpfe, 2–4 cm dick, stahlblau, VII–IX.
Fruchtstand/Frucht: Kugeliges Körbchen.
Verwendung: In durchlässigen, steinigen Böden in voller Sonne. Schnittpflanze (Trockenschnitt). Trockenbinderei. 2–3 Pfl./m².
Vermehrung: Aussaat im Frühling, Wurzelschnittlinge im Winter, Teilung.
Sorte: 'Veitchs Blue', leuchtend violettblau, gut zum Schnitt.
Pflege: Sehr anspruchslos.

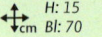 H: 15 cm Bl: 70 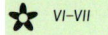 VI–VII II

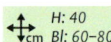 H: 40 cm Bl: 60–80 IV I

Erigeron-Sorten

Feinstrahlastern
Asteraceae, Asterngewächse

Heimat: Züchtung.
Wuchsform: Dichtbuschig, horstbildend.
Blatt: Lanzettlich, kahl, dunkelgrün, Blütenstiele beblättert.
Blüte: Köpfchen in lockeren Büscheln am Triebende, Scheibenblüten gelb, Zungenblüten weiß, rosa, rot oder blau, VI–VII.
Fruchtstand/Frucht: Körbchen, Samen mit Pappus.
Verwendung: In kleinen Gruppen auf Beeten und Rabatten. Schnittpflanze. 6–11 Pfl./m².
Vermehrung: Teilung im Frühling.
Sorten: 'Dunkelste Aller', dunkelviolett; 'Foersters Liebling', karminrosa (Bild); 'Sommerneuschnee', weiß.
Pflege: Hohe Sorten abstützen, Rückschnitt nach der Blüte fördert einen zweiten Blütenflor. Alle drei Jahre teilen zur Verjüngung.

Fritillaria imperialis

Kaiserkrone
Liliaceae, Liliengewächse

Heimat: Afghanistan, Iran, Himalaja.
Wuchsform: Aufrecht, horstige Zwiebelpflanze. Zieht nach der Samenreife ein.
Blatt: Breit-lanzettlich, Stängel beblättert, oben mit einem Blattschopf, hellgrün.
Blüte: 5–8 Stück, glockenförmig, nickend, 6 cm lang, orange, rot oder gelb, IV.
Frucht: Aufrechte Kapseln mit flachen Samen.
Verwendung: In Gruppen in tiefgründigem Boden. 6 Pfl./m².
Vermehrung: Aussaat gleich nach der Ernte oder im Winter. Gefäße mit Schnee bedecken.
Sorten: 'Aurora', orange; 'Lutea Maxima', gelb; 'Rubra Maxima', rot.
Pflege: Nach dem Einziehen der Pflanze können die verdorrten Triebe abgeschnitten werden.

| ⬍ H: 20 cm Bl: 60–150 | ✳ VII–IX | ◓ I |

Helenium-Sorten

Sonnenbraut
Asteraceae, Asterngewächse

Heimat: Züchtung. Die Arten aus den USA.
Wuchsform: Aufrecht, horstig.
Blatt: Lanzettlich, leicht gezähnt, wechselständig.
Blüte: Körbchenblüte in endständigen Dolden-trauben, rot, gelb, braun, VII–IX.
Fruchtstand/Frucht: Körbchen, Samen mit Pappus.
Verwendung: Für Staudenbeete und Rabatten. Schnittpflanze. 1–3 Pfl./m².
Vermehrung: Teilung im Vorfrühling.
Sorten: 'Kupfersprudel', kupferbraun, 110 cm, mittelfrüh (Bild); 'Waltraud', goldbraun, 90 cm, früh.
Pflege: Ab Frühsommer kräftig wässern und düngen.

| ⬍ H: 50 cm Bl: 150 | ✳ VIII–X | ◓ I |

Helianthus decapetalus

Stauden-Sonnenblume
Asteraceae, Asterngewächse

Heimat: N-Amerika.
Wuchsform: Dichtbuschig, dicke Rhizome.
Blatt: Eiförmig zugespitzt, lang gestielt, unter-seits rau, Rand gezähnt.
Blüte: Körbchen in Doldentrauben, 12–14 Strah-lenblüten, hellgelb, VIII–X.
Fruchtstand/Frucht: Körbchen, Samen mit Pappus.
Verwendung: Einzeln oder in kleinen Gruppen in größeren Gärten und Parks. Schnittpflanze. 1–2 Pfl./m².
Vermehrung: Teilung im Frühling.
Sorten: 'Capenoch Star', 180 cm, zitronengelb (Bild); 'Meteor', gelb, 150 cm.
Pflege: Rückschnitt im zeitigen Frühjahr vor dem Neuaustrieb.

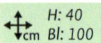 H: 40 cm Bl: 100   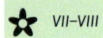 VII–VIII   I

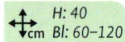 H: 40 cm Bl: 60–120   VII–IX   I

Helictotrichon sempervirens

Blaustrahlhafer
Poaceae, Süßgräser

Heimat: SW-Alpen.
Wuchsform: Aufrecht, bogig überhängend, horstbildend.
Blatt: Schmal, graublau.
Blüte: Rispe überhängend, blaugrün, VII–VIII.
Fruchtstand/Frucht: Rispe, Karyopse.
Verwendung: Einzeln oder in kleinen Gruppen, auch zum Schnitt, Dachbegrünung. 2–3 Pfl./m².
Vermehrung: Teilung im Vorfrühling, Aussaat.
Sorte: 'Pendula', stärker hängend.
Hinweis: In nassen Sommern anfällig gegen Rostpilze.
Pflege: Rückschnitt im zeitigen Frühjahr vor dem Neuaustrieb.

Heliopsis helianthoides var. scabra

Raues Sonnenauge
Asteraceae, Asterngewächse

Heimat: N-Amerika.
Wuchsform: Aufrecht, horstig.
Blatt: Eiförmig zugespitzt, rau, gegenständig.
Blüte: Körbchen, langgestielt, Blütenstand verzweigt, leuchtend gelb, VII–IX.
Fruchtstand: Körbchen.
Verwendung: Langblühende Beetstaude und wertvolle, lang haltbare Schnittpflanze. 2 Pfl./m².
Vermehrung: Teilung im Vorfrühling und Herbst.
Sorten: 'Benzinggold', gelb; 'Karat', wichtigste Schnittsorte; 'Sirius' (Bild); 'Spitzentänzerin', halbgefüllt.
Pflege: Rückschnitt nach der Blüte.

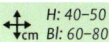 H: 40–50 cm
Bl: 60–80
 VI–VIII
 I–II

 H: 25 cm
Bl: 30
 VII–VIII
 II

Hemerocallis-Sorten

Garten-Taglilie
Hemerocallidaceae, Tagliliengewächse

Heimat: Züchtung.
Wuchsform: Horstig, Wurzelstock fleischig.
Blatt: Linealisch, schmal.
Blüte: In gabelästig verzweigten Schäften, lilienartig, trichter-, trompeten- oder schalenförmig, klein oder groß, in allen möglichen Farben je nach Sorte. Einzelblüte hält nur einen Tag. Auch 2- oder 3-farbig! VI–VIII (–IX).
Frucht: 3-teilige Kapsel.
Verwendung: (Schnitt) Beet. 2–4 Pfl./m².
Vermehrung: Teilung im Vorfrühling oder nach der Blüte. Aussaat im Frühling.
Sorten: 'Corky', gelb, kleinblumig, ab Mai; großblumige Sorten ab VI: 'Atlas', gelb; 'Bed of Roses', rosa; 'Crimson Glory', rot (Bild).
Pflege: An sonnigem, humosem Standort keine Pflege notwendig.

Inula ensifolia

Zwerg-Alant
Asteraceae, Asterngewächse

Heimat: O-Europa bis Kaukasus.
Wuchsform: Dichtbuschig, horstartig, aber mit kurzen Ausläufern.
Blatt: Lanzettlich, dunkelgrün.
Blüte: Gelbe Körbchenblüte, goldgelbe Zungenblüten, einzeln, VII–VIII.
Frucht: Körbchen, Samen mit Pappus.
Verwendung: Einzeln und in Gruppen in Steingärten und sonnigen Plätzen. Extensive Dachbegrünung. 11 Pfl./m².
Vermehrung: Teilung im Frühling.
Sorte: 'Compacta', nur 20 cm hoch (Bild).
Pflege: Keine besonderen Pflegemaßnahmen nötig. Alle 3–4 Jahre zur Verjüngung teilen.

 H: 50 cm Bl: 80   VI   I–II   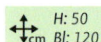 H: 50 cm Bl: 120   VII–IX   I–II

Iris-Barbata-Elatior-Gruppe

Hohe Schwertlilie
Iridaceae, Schwertliliengewächse

Heimat: Züchtungen.
Wuchsform: Aufrecht, dicke Rhizome bildend, Stängel steif, verzweigt.
Blatt: Schwertförmig, ganzrandig, spitz, grün.
Blüte: Zu mehreren in scheidigen Hüllblättern, end- und achselständig. Blütenblätter in 2 Kreisen, je 3 Dom- und Hängeblätter, letztere mit Bart, 10–15 cm groß.
Frucht: 3-klappige Kapsel.
Verwendung: Beete, Rabatten. 5–8 Pfl./m².
Vermehrung: Teilung der Rhizome nach der Blüte im Sommer. Aussaat.
Sorten: Jährlich neue Sorten.
Pflege: Verdorrtes Laub im Herbst oder zeitigen Frühjahr entfernen. Alle 3–4 Jahre zur Verjüngung teilen.

Kniphofia-Sorten

Garten-Fackellilie
Asphodelaceae, Junkerliliengewächse

Heimat: Züchtung, die Arten aus S-Afrika.
Wuchsform: Straff aufrecht, horstig.
Blatt: Schmal, gekielt, wintergrün.
Blüte: Runder, blattloser Schaft endet in 15–30 cm langen Ähren, Einzelblüte röhrig, 2–4 cm lang, orange und gelb, VII–IX.
Frucht: Kugelig, wird bei uns selten ausgebildet.
Verwendung: Einzeln in Staudenbeeten. Schnittpflanze. 4–6 Pfl./m².
Vermehrung: Teilung im April.
Sorten: 'Canary', goldgelb; 'Express Hybrids', orange; 'Prince Igor', orange (Bild); 'Royal Standard', gelb mit orangerot, beste Schnittsorte.
Pflege: Winterschutz. Rückschnitt im Frühjahr vor dem Austrieb.

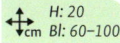 H: 20 cm Bl: 60–100 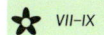 VII–IX II

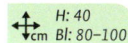 H: 40 cm Bl: 80–100 VI–VIII II

Leucanthemum maximum

Sommer-Margerite
Asteraceae, Asterngewächse

Heimat: Züchtung. Die Art stammt aus den Pyrenäen.
Wuchsform: Aufrecht, lockerhorstig.
Blatt: Lanzettlich, am Rand gezähnt, bis 12 cm lang, dunkelgrün.
Blüte: Blütenköpfe bis 10 cm groß, weiße Zungenblüten um gelbe Mitte, VII–IX.
Fruchtstand/Frucht: Körbchen, Samen länglich.
Verwendung: Beete, Rabatten. Schnittpflanze. 6 Pfl./m².
Vermehrung: Teilung im Vorfrühling.
Sorten: 'Beethoven', 'Christine Hagemann', gefüllt; 'Wirral Supreme', gefüllt (Bild).
Pflege: Rückschnitt im zeitigen Frühjahr vor dem Neuaustrieb.

Lupinus polyphyllus

Garten-Lupine
Fabaceae, Schmetterlingsblütler

Heimat: Züchtung, Art aus N-Amerika.
Wuchsform: Aufrecht, horstig. An den Wurzeln Knöllchen. Stiele hohl.
Blatt: Im Umriss rund, handförmig geteilt, lang gestielt, leicht behaart, hellgrün.
Blüte: Trauben bis 50 cm über dem Laub, Einzelblüten 2 cm, in vielen Farben, VI–VIII.
Frucht: Hülse 4–6 cm lang, Samen braun.
Verwendung: Im Staudenbeet wichtiger Vorsommerblüher. Schnittpflanze. 2–4 Pfl./m².
Vermehrung: Ausaat, Stecklinge mit Wurzelansatz (Rübenartige Wurzel).
Sorten: 'Edelknabe', karminrot mit violett. Viele weitere Sorten.
Pflege: Rückschnitt nach der Blüte, kann dann noch einmal zur Blüte kommen.

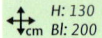 H: 130 cm Bl: 200   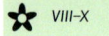 VIII–X   I

 H: 25 cm Bl: 30   III–IV   II

Miscanthus sinensis 'Silberfeder'

Chinaschilf
Poaceae, Süßgräser

Heimat: Züchtung.
Wuchsform: Aufrecht bis überhängend, locker-horstig.
Blatt: Schmal, bandartig, ca. 60 cm lang.
Blüte: Silbrige Blütenrispen, VIII–X, erscheinen regelmäßig.
Frucht: Karyopse.
Verwendung: Einzeln oder in kleinen Gruppen vor Gebäuden, Staudenbeeten. 1 Pfl./m².
Vermehrung: Teilung im Vorfrühling.
Hinweis: Blüht regelmäßig.
Pflege: Rückschnitt im zeitigen Frühjahr vor dem Neuaustrieb.

Narcissus pseudonarcissus

Trompeten-Narzisse, Osterglocke
Amaryllidaceae, Amaryllisgewächse

Heimat: Italien, Schweiz, W-Europa.
Wuchsform: Aufrecht, lockerhorstig.
Blatt: Schmal-lineal, gekielt, grün.
Blüte: Groß, röhrig, goldgelb, Krone breit; Perianth ausgebreitet, III–IV.
Frucht: Fleischige Kapsel, 3-teilig, selten.
Verwendung: Für Beete, Vorfrühlingsecke. Schnittpflanze. Treiberei. 11–25 Pfl./m².
Vermehrung: Brutzwiebeln.
Sorten: Etwa 10.000 Narzissensorten registriert.
Hinweis: Die Stiele sondern nach dem Schnitt ein schleimiges Sekret ab, ungünstige Wirkung auf andere Blumen in der Vase.
Pflege: Pflanze zieht nach der Blüte ein und braucht keine weitere Pflege.

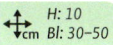 *H: 10* *Bl: 30–50* cm   VI–VIII    II

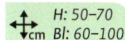 *H: 50–70* *Bl: 60–100* cm   VI   I

Oenothera fruticosa subsp. glauca

Hohe Nachtkerze, Bronzeblatt-Nachtkerze
Onagraceae, Nachtkerzengewächse

Heimat: N-Amerika.
Wuchsform: Aufrecht, horstig.
Blatt: Spatelförmig, ganzrandig, grundständige Blattrosette, mattgrün. Triebe beblättert. Kontrastreich zur Blüte.
Blüte: Achsel- und endständig, 3–5 cm große Trichterblüten, hellgelb, Dauerblüher, VI–VIII.
Frucht: Hellbraune Kapseln.
Verwendung: Sonnige Wildstaudenflächen, die Sorten auch für Beete. Bienenweide. 11 Pfl./m².
Sorten: 'Fyrverkeri', 60 cm; 'Sonnenwende', 60–80 cm, dunkles Laub (Bild).
Vermehrung: Teilung im Frühling.
Pflege: Rückschnitt nach der Blüte.

Paeonia lactiflora

Edel-Päonie, Chinesische Pfingstrose
Paeoniaceae, Pfingstrosengewächse

Heimat: Züchtung, Art aus O-Asien.
Wuchsform: Dichtbuschig, horstig. Braune, spindelförmige Wurzelknollen.
Blatt: Doppelt 3-zählig, glattrandig, glänzend, dunkelgrün. Austrieb rot.
Blüte: Am Stielende bis zu 20 cm Durchmesser. Je nach Sorte weiß, rosa, rot, einfach, halbgefüllt oder gefüllt blühend, VI.
Frucht: Balgfrucht mehrteilig, bis 5 cm lang. Samenkörner groß, schwarz, oft steril.
Verwendung: Einzeln oder in kleinen Gruppen. Schnittpflanze. 1–2 Pfl./m².
Vermehrung: Teilung im Herbst.
Sorten: 'Festiva Maxima', weiß gefüllt; 'Sarah Bernhard', rosa gefüllt; 'Bowl of Beauty'(Bild).
Pflege: Verblühte Stängel regelmäßig entfernen, Rückschnitt der ganzen Pflanze erst, wenn die Blätter verbräunt sind.

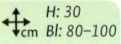 *H: 30 cm Bl: 80–100* V–VI I

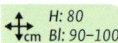 *H: 80 cm Bl: 90–100* VIII–IX 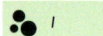 I

Papaver orientale

Türkischer Mohn
Papaveraceae, Mohngewächse

Heimat: Kaukasus, Armenien, Nordiran.
Wuchsform: Aufrecht bis bogig, horstartig. Zieht nach der Blüte ein. Lange fleischige Wurzeln.
Blatt: Fiederteilig, stark behaart, bis 50 cm lang, grün, Milchsaft führend, zieht ein.
Blüte: Bis 18 cm groß, schalenförmig, weiß, orange, rosa, rot, V–VI.
Frucht: Kapseln aufrecht mit feinen Samen.
Verwendung: Einzeln auf Beeten und Wildstaudenpflanzungen in voller Sonne. Schnittpflanze (immer knospig schneiden). 1–2 Pfl./m².
Vermehrung: Wurzelschnittlinge im Winter. Teilung nach der Blüte.
Sorte: 'Catharina', lachs, 0,8 m; 'Sturmfackel', feuerrot (Bild).
Pflege: Verblühte Stängel regelmäßig entfernen, Rückschnitt der ganzen Pflanze erst, wenn die Blätter verbräunt sind.

Pennisetum alopecuroides

Japanisches Federborstengras
Poaceae, Süßgräser

Heimat: Korea, Japan, Philippinen
Wuchsform: Dichtbuschig, horstig.
Blatt: Schmal, bandförmig, im Herbst gelbbraun.
Blüte: Braune, borstige Ähren, 25 cm groß, an langen Stielen, VIII–IX.
Frucht: Borstige Karyopse, Samen werden bei uns selten reif.
Verwendung: Einzeln oder in kleinen Gruppen in Beeten, Rabatten, an der Terrasse, Stein- und Heidegärten. 1–2 Pfl./m².
Vermehrung: Teilung im April.
Sorte: 'Hameln', nur 60 cm hoch (Bild).
Hinweis: Pflanzen teilen, (IV) sobald Blühwilligkeit nachlässt.
Pflege: Rückschnitt im zeitigen Frühjahr vor dem Neuaustrieb.

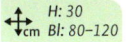 H: 30 cm Bl: 80–120 VI–VIII I

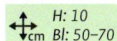 H: 10 cm Bl: 50–70 VIII–X I–II

Phlox paniculata

Hohe Flammenblume
Polemoniaceae, Sperrkrautgewächse

Heimat: Züchtung.
Wuchsform: Aufrecht, horstbildend.
Blatt: Gegenständig, breitlanzettlich, 8–10 cm lang, glattrandig, dunkelgrün.
Blüte: End- und achselständige Doldentrauben. Einzelblüte mit langer Blütenröhre, 2–3 cm groß, in vielen Farben von weiß, rosa, rot, VI–VIII.
Frucht: Kugelige Kapsel.
Verwendung: Einzeln oder in Gruppen auf Beeten. 1–2 Pfl./m².
Vermehrung: Teilung im Frühling; Wurzelschnittlinge, I.
Sorten: 'Aida', rotviolett; 'Orange', orangerot; 'Württembergia', rosa mit weiß (Bild).
Hinweis: Auf Mehltau und Nematoden achten.
Pflege: Rückschnitt nach der Blüte, kann dann noch einmal zur Blüte kommen.

Rudbeckia fulgida var. sullivantii 'Goldsturm'

Prächtiger Sonnenhut
Asteraceae, Asterngewächse

Heimat: Die Art stammt aus N-Amerika. Züchtungen.
Wuchsform: Dichtbuschig aufrecht, horstig.
Blatt: Bis 20 cm, herzförmig zugespitzt, Grundblätter dunkelgrün, Stängelblätter schmaler.
Blüte: Bis 12 cm breit, schwarzbraunes Köpfchen mit goldgelben Strahlenblüten, VIII–X.
Fruchtstand: Kegelförmige Köpfchen.
Verwendung: Auch in größeren Gruppen auf Beeten und Rabatten. Schnittpflanze. Trockenbinderei (Fruchtstände). 3–6 Pfl./m².
Vermehrung: Teilung.
Pflege: Rückschnitt nach der Blüte oder vor dem Austrieb im Frühling etwa eine Handbreit über dem Boden.

 H: 20 cm Bl: 40   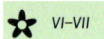 VI–VII   II

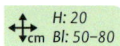 H: 20 cm Bl: 50–80   VII–IX   I

Salvia nemorosa

Steppen-Salbei
Lamiaceae, Lippenblütler

Heimat: Europa, Kleinasien, Iran.
Wuchsform: Straff aufrecht, horstig.
Blatt: Oval-lanzettlich, runzelig, kreuz-gegenständig, mattgrün.
Blüte: Lippenblüten in dichten Ähren, violett, VI–VII.
Frucht: Nüsschen.
Verwendung: In kleinen oder größeren Gruppen in Steppengärten und zu Rosen. 6–11 Pfl./m².
Vermehrung: Aussaat, Teilung im Vorfrühling, Stecklinge im Sommer.
Sorten: Gartenwürdiger und kompakter als die Art: 'Blauhügel', 40 cm, lavendelblau; 'Ostfriesland', 40 cm, violett; 'Rügen', 40 cm, leuchtend blau (Bild).
Pflege: Kann bei Rückschnitt nach der Blüte, noch einmal nachblühen. Rückschnitt der ganzen Pflanze im Frühjahr oder im Herbst.

Scabiosa caucasica

Garten-Skabiose
Dipsacaceae, Kardengewächse

Heimat: Kaukasus. Züchtungen.
Wuchsform: Aufrecht bis bogig, horstig.
Blatt: Grundblätter lanzettlich, graugrün, Stängelblätter fiederspaltig.
Blüte: Schalenförmige, bis 5 cm große Blütenköpfe, lang gestielt, violett, VII–IX.
Fruchtstand/Frucht: Köpfchen, Samen mit trockenhäutigem Pappus.
Verwendung: Beet- und Rabattenstaude. Schnittpflanze. 6–8 Pfl./m².
Vermehrung: Teilung im Frühling, Stecklinge im Sommer.
Sorten: 'Blauer Atlas', violettblau; 'Miss Willmott', weiß; 'Nachtfalter', violettblau (Bild).
Pflege: Rückschnitt im zeitigen Frühjahr vor dem Neuaustrieb.

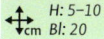 H: 5–10 cm Bl: 20   VI–VII   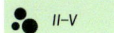 II–V

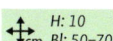 H: 10 cm Bl: 50–70   VIII–IX   I–II

Sedum floriferum 'Weihenstephaner Gold'

Gold-Fetthenne
Crassulaceae, Dickblattgewächse

Heimat: Die Art stammt aus Nordostchina. Züchtungen.
Wuchsform: Niederliegend, teppichbildend, lockerrasig, horstig, Triebe dicht beblättert.
Blatt: Spatelförmig bis lanzettlich, Rand gekerbt, verdickt, immergrün.
Blüte: In Doldenrispen, goldgelb, VI–VII.
Frucht: 5-teilige Kapsel.
Verwendung: Rasenersatz und Bodendecker für sonnige Böschungen. Extensive Dachbegrünung. Gräber. 16–25 Pfl./m².
Vermehrung: Teilung, auch Stecklinge.
Pflege: Genügsame Pflanze, die keine Pflege braucht.

Sedum telephium 'Herbstfreude'

Hohe Fetthenne
Crassulaceae, Dickblattgewächse

Heimat: Die Art ist von Europa bis W-Asien beheimatet. Züchtung.
Wuchsform: Aufrecht, horstig, Triebe beblättert.
Blatt: Eiförmig, bläulich grün, im Herbst gelb.
Blüte: Sternförmig, 6–8 mm groß, in dichten Doldenrispen, rostrot, VIII–IX.
Frucht: 5-teilige Kapsel. Braune Fruchtstände halten den ganzen Winter. Hoher Zierwert
Verwendung: Sonnige Beete an Gebäuden, Terrassen. Sukkulentengärten. Schnittpflanze. Trockenbinderei. 3–4 Pfl./m².
Vermehrung: Teilung im Frühling.
Sorte: 'Matrona', rosa, Laub dunkel.
Pflege: Rückschnitt im zeitigen Frühjahr vor dem Neuaustrieb.

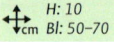 H: 10 cm Bl: 50–70   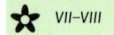 VII–VIII   I–II

 H: 30 cm Bl: 60   VI–VII   I

Solidago-Sorten

Garten-Goldrute
Asteraceae, Asterngewächse

Heimat: Die Arten stammen aus N-Amerika. Züchtungen.
Wuchsform: Aufrecht, horstig.
Blatt: Lanzettlich, gesägt, frischgrün.
Blüte: Klein, Körbchenblüten an dichten, endständigen Rispen, goldgelb, VII–VIII.
Frucht: Samen mit Pappus.
Verwendung: Beete und Rabatten. Schnittpflanze. Bienenweide. 5 Pfl./m².
Vermehrung: Teilung im Frühling.
Sorten: 'Goldwedel', locker, gelb, 60 cm; 'Strahlenkrone', goldgelb, gedrungen, 70 cm.
Hinweis: Die Gartensorten sind anspruchsvoller als die Wildarten.
Pflege: Rückschnitt nach der Blüte oder vor dem Austrieb im Frühling etwa eine Handbreit über dem Boden.

Stipa pennata

Echtes Federgras
Poaceae, Süßgräser

Heimat: Mittel- und S-Europa.
Wuchsform: Überhängend, horstig.
Blatt: Grasartig, grün, wintergrün, Unterseite glatt.
Blüte: Behaarte Grannen, 20 cm lang, im Wind waagerecht abstehend, VI–VII.
Frucht: Karyopse, 1 cm lang, mit nadelfeiner Spitze.
Verwendung: Einzeln oder in Gruppen in steppenarti- gen Pflanzungen, Böschungen. Schnittpflanze. Trockenbinderei (vor der Fruchtreife ernten). 3–6 Pfl./m².
Vermehrung: Aussaat im Frühling.
Pflege: Rückschnitt im zeitigen Frühjahr vor dem Neuaustrieb.

 H: 20 cm Bl: 30   IV–V   II   H: 30 cm Bl: 50   IV   II

Tulipa greigii

Gestreifte Wild-Tulpe
Liliaceae, Liliengewächse

Heimat: Die Art stammt aus Zentralasien (Tien Shan-Gebirge). Züchtungen.
Wuchsform: Aufrechte, horstbildende Zwiebelpflanze. Zieht nach der Blüte ein.
Blatt: Breit-lanzettlich zugespitzt, ganzrandig, graugrün, stark braungefleckt.
Blüte: Leuchtend rot mit schwarzgelbem Schlundfleck, geöffnet bis 10 cm, IV–V.
Frucht: 3-klappige Kapsel.
Verwendung: In kleinen Gruppen in Beeten und Rabatten sowie Steingärten. 11 Pfl./m².
Vermehrung: Brutzwiebeln.
Sorten: Züchtungen in vielen Farben (Bild: 'Rotkäppchen').
Hinweis: Geschützte Wildpflanze.
Pflege: Samenanlagen nach der Blüte abschneiden, Laub erst nach dem Eintrocknen entfernen.

Tulipa gesneriana

Garten-Tulpe
Liliaceae, Liliengewächse

Heimat: SW-Asien, Zentralasien. Züchtungen.
Wuchsform: Aufrechte, horstbildende Zwiebelpflanze. Zieht nach der Blüte ein.
Blatt: Breit-lanzettlich zugespitzt, ganzrandig.
Blüte: Klassifizierung: 1. Einfache Frühe Tulpen; 2. Gefüllte Frühe Tulpen; 3. Triumph-Tulpen; 4. Darwin-Hybrid-Tulpen; 5. Einfache Späte Tulpen; 6. Lilienblütige Tulpen (Bild: 'Queen of Sheba'); 7. Gefranste Tulpen; 8. Viridiflora-Tulpen; 9. Rembrandt-Tulpen; 10. Papagei-Tulpen; 11. Gefüllte Späte Tulpen; 12. Kaufmanniana-Tulpen; 13. Fosteriana-Tulpen; 14. Greigii-Tulpen; 15. Wildtulpen.
Frucht: 3-klappige Kapsel.
Verwendung: Beete, Rabatten. 11 Pfl./m².
Hinweis: Geschützte Wildpflanze.
Pflege: Samenanlagen nach der Blüte abschneiden, Laub erst nach dem Eintrocknen entfernen.

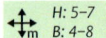 H: 5–7 B: 4–8 m   V   L: 4–11 B: 3–6

 H: 5–8 B: 4–6 m   IV–V   L: 3–10 B: 2–5

Acer tataricum subsp. ginnala

Feuer-Ahorn
Aceraceae, Ahorngewächse

Heimat: Ostasien, vorwiegend Japan, China.
Wuchs: Mehrstämmiger Kleinbaum, breit aufrecht. Borke grau, glatt.
Blatt: 3-lappig mit großem Mittellappen, 6–8 cm, rote Herbstfärbung.
Blüte: Gelblich weiß in dichten Rispen; V.
Frucht: Spaltfrucht, grünrot, später braun.
Verwendung: Im Einzelstand für kleine Gärten und Parks.
Ähnliche Art: *A. tataricum* hat etwas breitere Blätter und einen stärkeren Wuchs.
Hinweis: Leidet in kalten Lagen.
Pflege: Keine Schnittmaßnahmen notwendig.

Amelanchier laevis

Kahle Felsenbirne
Rosaceae, Rosengewächse

Heimat: Östliches Nordamerika.
Wuchs: Breit aufrechter Strauch bis 8 m, in der Heimat baumförmig bis 12 m, Zweige fast waagerecht abstehend, Rinde graubraun, längsrissig.
Blatt: Bläulich grün, glatt, wechselständig angeordnet, eiförmig, bis 10 cm lang, kurz zugespitzt, scharlachrote Herbstfärbung.
Blüte: Weiß, 2–3 cm groß, in lockeren, bis 12-blütigen, hängenden Trauben; IV–V.
Frucht: Rote, später schwarzrote Beere ab August, süß, saftig, essbar (auch für Marmelade).
Verwendung: Einzeln oder in Gruppen in Gärten und Parks. Wird oft verwechselt.
Sorte: 'Ballerina', Blüten und Früchte größer als bei der Art.
Pflege: Abgeblühte und ältere Triebe regelmäßig entfernen.

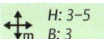 H: 3–5
B: 3

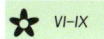 VI–IX

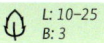 L: 10–25
B: 3

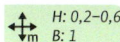 H: 0,2–0,6
B: 1

 VI–IX

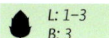 L: 1–3
B: 3

Buddleja davidii

Sommerflieder, Schmetterlingstrauch
Buddlejaceae, Sommerfliedergewächse

Heimat: China, weltweit verwildert.
Wuchs: Stark wachsender, hoher Strauch.
Blatt: Gegenständig, eilanzettlich, 5–10 cm lang, unterseits weißfilzig.
Blüte: Stark duftende Röhrenblüten an bis 30 cm langen Rispen, am Ende diesjähriger, aufrechter oder geneigter Triebe; VI–IX.
Frucht: Kapseln 6–8 mm lang, bleiben lange am Strauch.
Verwendung: Einzelstellung im Hausgarten und in öffentlichen Anlagen.
Sorten: 'Empire Blue', violettblau; 'Peace', weiß; 'Royal Red', purpurrot.
Hinweis: Jährlicher, starker Rückschnitt im März. Blüten ziehen Schmetterlinge an.
Pflege: Abgeblühte Blütenstände entfernen, starker Schnitt im zeitigen Frühjahr fördert die Blüte.

Calluna vulgaris

Besenheide
Ericaceae, Heidekrautgewächse

Heimat: Europa, Sibirien und Kleinasien.
Wuchs: Flach wachsender, aber bis 60 cm hoher Zwergstrauch.
Blatt: Immergrüne Nadelblätter, kreuzweise Anordnung, 1–3 mm lang, Graugrün, oder je nach Sorte gelblich oder kupferfarben,
Blüte: Violettrosa oder weiß, vierteilig, von einem geschlossenen Kelch umgeben, 2–3 mm groß, in Doppeltrauben; VI–IX.
Frucht: Rundliche Kapseln, 1,5 mm groß.
Verwendung: In größerer Anzahl für Heide- und Steingärten, Gräber, Gefäße. Bodendecker.
Sorten: 'C. W. Nix', lilarot, 50 cm; 'Hammondii', weiß, 50 cm; 'H. E. Beale', rosa gefüllt, 50 cm hoch.
Pflege: Rückschnitt nach der Blüte.

 H: 4
B: 4

 VI–VII

 L: 5–8
B: 6

 H: 0,4
B: 1

 I–IV

 L: 8
B: 0,3

Cotinus coggygria

Perückenstrauch
Anacardiaceae, Sumachgewächse

Heimat: Südeuropa bis Zentral-China.
Wuchs: Breitbuschiger Strauch. Borke grau-schwarz, Rinde der jüngeren Triebe hellbraun bis olivgrün, kein Milchsaft.
Blatt: Oval bis verkehrt eiförmig, 5–8 cm lang, wechselständig, bläulich bereift. Im Herbst orange gefärbt.
Blüte: Unscheinbar gelbgrün, an 20 cm langen, endständigen Rispen; VI–VII.
Frucht: Kleine Steinfrucht, 5 mm groß.
Verwendung: Geschützte Lagen im Hausgarten, z. B. Terrasse, Solitär.
Sorte: 'Royal Purple', dauerhaft dunkelrot gefärbt, Herbstlaub orangeviolett (Bild).
Pflege: Kein Schnitt notwendig, Verjüngungsschnitt möglich.

Erica carnea

Schnee-Heide
Ericaceae, Heidekrautgewächse

Heimat: Kalkalpen Europas.
Wuchs: Zwergstrauch, 30–40 cm hohe Matten bildend, breit wachsend, dünntriebig.
Blatt: Nadelartig, immergrün, 4–8 mm lang, zu 3–4 in Wirteln.
Blüte: Im Herbst vorgebildet, glockig, 4–5 mm groß, rosa, nickend, 4-teiliger Kelch, braune Staubgefäße aus der Blüte herausragend; I–IV.
Frucht: Unscheinbare, 4-klappige Kapseln mit sehr feinen Samen.
Verwendung: Flächig für Böschungen, Stein- und Heidegärten, Gräber, Gefäße.
Sorten: 'Myretoun Ruby', weinrot; 'Spingwood', weiß; 'Vivellii', rote Blätter und Blüten; 'Winter Beauty', rosa (Bild).
Pflege: Rückschnitt nach der Blüte.

 H: 3 B: 3 m   III–IV 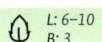 L: 6–10 B: 3

 H: 20 B: 3 m   III   L: 1 B: 0,5

Forsythia × intermedia

Forsythie, Goldglöckchen
Oleaceae, Ölbaumgewächse

Heimat: Züchtungen (*F. suspensa × F. viridissima*).
Wuchs: Aufrecht, reich verzweigt, breitbuschig, ältere Triebe grau, junge hellbraun mit vielen Lentizellen, Knospen gegenständig.
Blatt: Grün, eilanzettlich, 6–10 cm lang, beidseitig zugespitzt.
Blüte: Goldgelb, 3–4 cm breit, vierteilig, an der ganzen Länge der Triebe; III–IV.
Frucht: Kapsel zweiklappig, verholzt.
Verwendung: Einzeln oder gruppenweise in Gärten und Parks, Hecke (auch geschnitten).
Sorten: 'Beatrix Farrand', gelb, Blüten 6 cm groß; 'Lynwood', goldgelb, reich blühend; 'Spectabilis', dunkelgelb, wichtige Treibsorte.
Pflege: Nach der Blüte bis zur nächsten kräftigen Knospe zurückschneiden, jährlich 2–3 ältere Triebe an der Basis entfernen.

Juniperus chinensis

Chinesischer Wacholder
Cupressaceae, Zypressengewächse

Heimat: Japan, China, Mongolei.
Wuchs: Kegelförmiger Wuchs. Äste aufsteigend bis waagerecht. Borke graubraun, längsrissig.
Blatt: Schuppen- und Nadelblätter, blaugrün.
Blüte: Unscheinbar, meist zweihäusig, männliche Blüten gelblich; III.
Frucht: Blau bereifter Beerenzapfen, 0,5 cm groß.
Verwendung: Stadtklimafest, für Haus-, Heide- und Steingärten.
Sorten: 'Blaauw', trichterförmiger Wuchs, bis 2,5 m, graugrün (Bild); 'Hetzii', breit und blau, 4 m; 'Old Gold', bronzegelb, 1,2 m hoch, 3 m breit.
Hinweis: Viele verschiedene Wuchsformen und Farben.
Pflege: Leichte Korrekturen können vorgenommen werden. Starker Rückschnitt wird nicht vertragen.

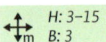 H: 3–15 B: 3   IV   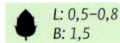 L: 0,5–0,8 B: 1,5

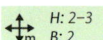 H: 2–3 B: 2   V–VI   L: 5–7 B: 2

Juniperus communis

Gewöhnlicher Wacholder
Cupressaceae, Zypressengewächse

Heimat: Europa, Asien, Amerika und Nordafrika.
Wuchs: Vielgestaltiger Strauch oder Baum. Borke rötlich braun, längsstreifig, dünn.
Blatt: Stechende Nadeln grauweiß, bis 2 cm.
Blüte: Zweihäusig, unscheinbar gelblich, IV.
Frucht: Schwarzblau bereifte Beerenzapfen, 0,6 cm, reift im 2. oder 3. Jahr.
Verwendung: Für Heide- und Steingärten in sonnigen Lagen.
Sorten/Arten: 'Hibernica', Irischer Säulen-Wacholder, schmale Säulenform, 5 m; *J. communis* subsp. *alpina*, Zwerg-Wacholder mit niederliegendem Wuchs, heimisch; *J. sabina* kriechender bis aufrechter Wuchs; zur Flächenbefestigung; heimisch; giftig!
Hinweis: Anspruchslos, Früchte verwertbar.
Pflege: Wächst langsam und muss nicht geschnitten werden.

Kolkwitzia amabilis

Kolkwitzie
Caprifoliaceae, Geißblattgewächse

Heimat: Zentral-China.
Wuchs: Breit aufrechter Strauch, überhängende Triebe, graubraun, mit abblätternder Rinde. Bildet viele Triebe aus der Basis. Gegenständig.
Blatt: Spitz eiförmig, 5–7 cm lang, schwach behaart, braunrote Herbstfärbung.
Blüte: Hellrosa Blüten, 2 cm, paarweise in Trugdolden, reich blühend; V–VI.
Frucht: Borstig behaarte Fruchtkapseln und sternförmige, rote Kelchblättchen bleiben lange am Strauch hängen.
Verwendung: Einzeln oder in Gruppen, auch als frei wachsende Hecke in Gärten und Parks.
Hinweis: Prächtiger, reich blühender Strauch. Keine Krankheiten oder Schädlinge.
Pflege: Abgeblühte Triebe bis zum nächsten kräftigen Neutrieb zurückschneiden, jährlich 2–3 ältere Triebe an der Basis entfernen.

 H: 2–3 B: 2   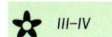 III–IV   L: 7–10 B: 2   H: 5 B: 4   IV–V   L: 6–8 B: 5

Magnolia stellata

Stern-Magnolie
Magnoliaceae, Magnoliengewächse

Heimat: Japan.
Wuchs: Breit kugeliger Busch, langsam wachsend, dicht behaart.
Blatt: Wechselständig, schmal elliptisch, bis 10 cm lang, grün, im Herbst braun.
Blüte: Weiß, 8–10 cm groß, duftend, mit 12–18 schmalen Petalen; III–IV.
Frucht: Zapfenförmig, 5 cm lang, enthält wenige, erbsengroße, rote Samen.
Verwendung: Einzeln in Vorgärten, an der Terrasse.
Sorten/Arten: 'Rubra', Blüten purpurrosa; *M. × loebneri* (*M. kobus* × *M. stellata*) wächst etwas stärker, frühe Blüte.
Pflege: Blüht schon als junge Pflanze reichlich, langsamer Wuchs, Schnittmaßnahmen vermeiden.

Malus floribunda

Vielblütiger Apfel
Rosaceae, Rosengewächse

Heimat: Japan
Wuchs: Kleinkroniger Baum, 5(–10) m, weit abstehende Zweige, vieltriebig.
Blatt: Wechselständig, dunkelgrün, eiförmig zugespitzt, 6–8 cm, unten behaart.
Blüte: Knospen karminrot, geöffnet 2–3 cm groß, rosa, später weiß in wenig blütigen Trugdolden; IV–V.
Frucht: Klein, gelb, erbsengroße Apfelfrüchte.
Verwendung: Einzeln oder in Gruppen in Gärten und Parks, auch als Formhecke.
Pflege: Dichter Wuchs, schnittverträglich. Auch starker Rückschnitt.

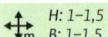 H: 1–1,5 B: 1–1,5 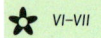 VI–VII   L: 2–4 B: 1–2

H: 8–12 B: 5 V L: 5–7 B: 0,1

Philadelphus × lemoinei

Niedriger Pfeifenstrauch
Hydrangeaceae, Hortensiengewächse

Heimat: Züchtung aus *P. coronarius × P. micro-phyllus.*
Wuchs: Breitbuschig, niedrig, leicht überhängend, Triebe braun, abblätternd, mit weißem Mark gefüllt, Knospen gegenständig.
Blatt: Schmal eiförmig, zugespitzt, 3–4 cm lang, Rand gezähnt, grün.
Blüte: Weiß, duftend, einfach oder gefüllt, in endständigen Trauben je nach Sorte; VI–VII.
Frucht: Unscheinbare, braune Kapsel.
Verwendung: Einzeln, in Gruppen, gute Blütenhecke, für Vorgärten und Steingärten.
Sorten: 'Dame Blanche', schwach gefüllt; 'Erectus', aufrecht, weiß.
Hinweis: Herrlicher Blütenstrauch.
Pflege: Auslichtungsschnitt nach der Blüte im Frühsommer.

Pinus parviflora

Mädchen-Kiefer
Pinaceae, Kieferngewächse

Heimat: Japan.
Wuchs: Hoher Baum, erst kegelförmig, später ausladend. Borke schwarzgrau, kleinschuppig.
Blatt: Nadeln zu 5, bläulich grün, gekrümmt, an den Zweigenden gehäuft, 5–7 cm.
Blüte: Einhäusig, männliche Blüten purpurn, weibliche Blüten rötlich; V.
Frucht: Waagerecht abstehend, eiförmig, 5–10 cm lang, braunrot.
Verwendung: Einzelstand in Parks. Für Gärten eher die Sorten geeignet.
Sorte: 'Glauca', 5–9 m, blauweiße, gebogene Nadeln, wichtigste Form (Bild).
Hinweis: Nadeln vergilben bei stark alkalischen Böden.
Pflege: Standort mit guter Bodendurchlüftung wählen, dann wird keine zusätzliche Pflege benötigt.

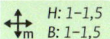 H: 1–1,5
B: 1–1,5 m

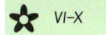 VI–X

 L: 2–4
B: 2–4

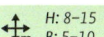 H: 8–15
B: 5–10 m

 IV–V

 L: 7–12
B: 3–6

Potentilla fruticosa

Gewöhnlicher Fingerstrauch
Rosaceae, Rosengewächse

Heimat: Nördliche Halbkugel: Europa, Asien, Amerika.
Wuchs: Breitbuschiger, vieltriebiger Kleinstrauch, braune Rinde.
Blatt: Wechselständig, 3- bis 7-zählig gefingert oder gefiedert, 2–4 cm lang, behaart.
Blüte: Meist goldgelb, 2–3 cm große Schalenblüte; VI–X.
Frucht: Trockene, einzeln abfallende Nüsschen, braune Kapseln.
Verwendung: Einzeln, in Gruppen oder ungeschnittene, niedere Hecken und Einfassungen.
Sorten: 'Abbotswood', weiß; 'Arbuscula', goldgelb. 'Red Robin', rot.
Hinweis: Gesunder Dauerblüher.
Pflege: Regelmäßiger Rückschnitt nach der Blüte auf $\frac{1}{3}$–$\frac{1}{2}$.

Prunus sargentii

Berg-Kirsche, Ostasiatische Wild-Kirsche
Rosaceae, Rosengewächse

Heimat: Japan, Korea, Sachalin.
Wuchs: Breit ausladende Krone, bis 15 m hoch, oft mehrstämmig. Borke rötlich braun, glatt, mit vielen Lentizellen, wechselständige Knospen.
Blatt: Elliptisch zugespitzt, dunkelgrün, unterseits bläulich, Austrieb bronzefarben, 6–12 cm lang, scharlachrote Herbstfärbung, am Blattstiel 2 Nektardrüsen.
Blüte: Zartrosa, zu 2–4 in sitzenden Dolden, 4 cm groß; IV–V.
Frucht: Kleine, 10 mm rote Steinfrüchte im Herbst.
Verwendung: Einzeln oder in Gruppen in Hausgärten und Parks.
Sorte: 'Accolade', (*P. sargentii* × *P. subhirtella),* Kleinbaum, Blüten rosa, halbgefüllt.
Pflege: Wenig Schnitt erforderlich, eng stehende Äste im Sommer entnehmen.

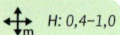 H: 0,4–1,0   VI–IX   L: 10–15 B: 5–10

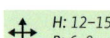 H: 12–15 B: 6–8   V–VI   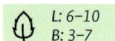 L: 6–10 B: 3–7

Rosa-Gartenrosen

Beetrosen
Rosaceae, Rosengewächse

Heimat: Züchtung.
Wuchs: Je nach Sorte, buschig bis gedrungen.
Blüte: Viele Sorten in Rot, Rosa, Weiß und Gelb, meist gefüllt und remontierend.
Polyantha-Hybriden: Mehrblumige Doldenrispen mit eher einfachen bis halbgefüllten Blüten. 'Lampion', blutrot, einfach, 0,5 m; 'Marlena', dunkelrot, gefüllt, 35 cm.
Floribunda-Rosen: Edelrosenförmige Blüten. 'Edelweiß', cremeweiß, gefüllt, 40 cm. 'Friesia', gelb, gefüllt, 70 cm (Bild).
Floribunda-Grandiflora-Rosen: Besonders großblumig: 'Duftwolke', rot gefüllt, 60 cm.
Verwendung: Rosenbeete, aber auch zu niederen Stauden und Gräsern im Hausgarten.
Pflege: Hoher Pflegeaufwand. Rückschnitt im Frühling auf 3–5 starke Triebe (je nach Art! Siehe hierzu Spezialliteratur).

Sorbus intermedia

Schwedische Mehlbeere, Oxelbeere
Rosaceae, Rosengewächse

Heimat: Nordeuropa.
Wuchs: Bis 15 m hoher Baum, Krone kugelig, Stamm hellgrau, junge Triebe filzig.
Blatt: Wechselständig, eiförmig, 6–10 cm lang, Rand gelappt, unterseits graugrün.
Blüte: Weiß, 1 cm breit, in 8–10 cm breiten Doldenrispe; V–VI.
Frucht: Kugelige Apfelfrüchte, 1 cm groß, orangerot.
Verwendung: Sichtschutzhecken, Straßenbaum, Landschaftsgehölz.
Hinweis: Durch Feuerbrand gefährdet.
Pflege: Kein Schnitt notwendig, heckengeeignet.

 H: 2
B: 1,5 m

 IV–V

 L: 3–4
B: 0,7

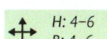 H: 4–6
B: 4–6 m

 VI

 L: 5–12
B: 4–9

Spiraea × arguta

Braut-Spierstrauch
Rosaceae, Rosengewächse

Heimat: Züchtung aus *S. × multiflora × S. thunbergii*.
Wuchs: Breitbuschig, bis 2 m hohe, überhängende Zweige. Triebe hell bis dunkelbraun.
Blatt: Wechselständig, hellgrün, schmal lanzettlich, bis 4 cm lang.
Blüte: Reinweiß, 8 mm breit, in kleinen Trugdolden entlang der ganzen Triebe, reich blühend; IV–V.
Verwendung: Einzeln, in Gruppen oder als frei wachsende Hecke in Gärten und Parks.
Ähnliche Art: *S. × cinerea* 'Grefsheim' ist ähnlich, aber graulaubiger und blüht eine Woche eher. *S. thunbergii* ist in allen Teilen zierlicher, blüht schon Anfang April.
Pflege: Bei älteren Pflanzen alle paar Jahre abgeblühte Triebe bis zur Hälfte einkürzen und etwa ¼ aller Triebe in Bodennähe abschneiden.

Syringa vulgaris

Gewöhnlicher Flieder
Oleaceae, Ölbaumgewächse

Heimat: Südosteuropa.
Wuchs: Aufrechter Großstrauch, vieltriebig, gabelig verzweigt, Knospen gegenständig. Graue, kahle Triebe. Borke graubraun, rissig, abblätternd.
Blatt: Breit eiförmig, zugespitzt, dunkelgrün, glattrandig, 5–12 cm lang.
Blüte: 4-zipflige Röhrenblüte, lila, in dichten, 10–15 cm langen Rispen; V–VI.
Frucht: 2-fächrige Kapsel, hält lange am Strauch (Entfernen ist sinnvoll).
Verwendung: Einzeln in Gärten und Parks.
Sorten: 'Andenken an Ludwig Späth', violettrot; 'Mme. Lemoine', weiß, gefüllt.
Pflege: Abgeblühte Blütenstände entfernen und einige Triebe an kräftigen Verzweigungen herausnehmen, um Vergreisung zu verhindern.

Schatten und Licht

Wählen Sie aus den folgenden Pflanzen aus, wenn Sie ein Beet in Ihrem Garten haben, das mehr als vier, aber weniger als acht Stunden lang von der Sonne beschienen wird. Viele dieser Gewächse leben in der Natur im lichten Schatten großer Bäume und bevorzugen deshalb helle, aber nicht stark besonnte Plätze.

 H: 80
cm Bl: 130   IX–X   I

 H: 80
cm Bl: 120   VII–VIII   I

Aconitum carmichaelii 'Arendsii'

Herbst-Eisenhut
Ranunculaceae, Hahnenfußgewächse

Heimat: Gartenform. Die Art stammt aus Mittelchina.
Wuchsform: Horstartig, aufrecht.
Blatt: Wechselständig, tief handförmig geteilt, glänzend dunkelgrün.
Blüte: Helmförmig, in Trauben, violettblau, IX–X.
Frucht: Balgfrucht.
Verwendung: Rabatten, vor Gehölzen im lichten Schatten. Schnittpflanze. 6 Pfl./m².
Vermehrung: Teilung des knolligen Wurzelstocks im Frühling oder Herbst.
Hinweis: Giftige Pflanze.
Pflege: Rückschnitt nach der Blüte im Herbst oder im zeitigen Frühjahr.

Aconitum napellus

Blauer Eisenhut
Ranunculaceae, Hahnenfußgewächse

Heimat: Mitteleuropa, nördlich bis Schweden, Alpen.
Wuchsform: Aufrecht, breitbuschig, horstig.
Blatt: Wechselständig, fiederartig geschlitzt.
Blüte: Helmartig, in lockeren Rispen, variiert stark, intensiv blau, VII–VIII.
Frucht: Balgfrucht.
Verwendung: Naturnahe Wildstaudenpflanzungen im Halbschatten. 6 Pfl./m².
Vermehrung: Aussaat im Winter; Teilung im Herbst oder Frühling.
Sorte: 'Gletschereis', weiß, 120 cm; 'Bressingham Spire', blau, 90 cm.
Hinweis: Giftige Pflanze.
Pflege: Rückschnitt nach der Blüte im Herbst oder im zeitigen Frühjahr.

 H: 50
cm Bl: 80 V–VI I

 H: 20
cm Bl: 40 V–VII III

Actaea alba

Weißfrüchtiges Christophskraut
Ranunculaceae, Hahnenfußgewächse

Heimat: Östliches N-Amerika.
Wuchsform: Aufrechte, buschige Horste bildend.
Blatt: Wechselständig, 5-teilig gefiedert, waagerecht abstehend.
Blüte: Locker, wenig auffällige Blütentrauben, weißlich, V–VI.
Fruchtstand/Frucht: Weiße Beeren an roten Stielen, auffällig ab Juli bis September.
Verwendung: Gehölzlichtungen, am Rand von Sträuchern, zu Rhododendron. 2 Pfl./m².
Vermehrung: Aussaat im Frühling.
Ähnliche Art: *A. erythrocarpa*, Europa bis Asien. Früchte rot oder weiß.
Pflege: Boden sollte nicht austrockenen, Pflanze ungestört wachsen lassen.

Alchemilla mollis

Weicher Frauenmantel
Rosaceae, Rosengewächse

Heimat: Karpaten, Kaukasus.
Wuchsform: Breitbuschig, horstig.
Blatt: Wechselständig, bis 15 cm groß, 9- bis 11-lappig, weich behaart.
Blüte: Kleine Einzelblüten in Knäueln gehäuft, zartgelb, V–VII.
Frucht: Unscheinbar.
Verwendung: Rabatten, zu Beetstauden oder in Wiesenflächen. Schnittpflanze. 4–11 Pfl./m².
Vermehrung: Aussaat und Teilung.
Ähnliche Art: *A. erythropoda*, Zwerg-Frauenmantel, 10 cm hoch.
Hinweis: Rückschnitt nach der Blüte unterbindet Selbstaussaat.
Pflege: Vertrocknetes Laub im Frühjahr vor dem Neuaustrieb entfernen.

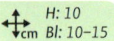 H: 10 cm Bl: 10–15   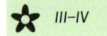 III–IV   II

 H: 60 cm Bl: 80   IX–X   I

Anemone blanda

Strahlen-Anemone
Ranunculaceae, Hahnenfußgewächse

Heimat: SO-Europa, Kleinasien, Kaukasus.
Wuchsform: Knolliger Wurzelstock. Horstig.
Blatt: Handförmig geteilt, mattgrün, kahl.
Blüte: Einfach, vielstrahlig, 3–4 cm Durchmesser, dunkelblau, III–IV.
Fruchtstand/Frucht: Kugeliger Fruchtstand mit Nüsschen.
Verwendung: Unter Sträuchern im Frühlingsgarten und Steingarten. 16 Pfl./m².
Vermehrung: Aussaat und Teilung der Knollen im Frühling.
Sorten: 'Radar', violett mit weißer Mitte; 'White Splendour', weiß (Bild).
Pflege: Pflanze zieht nach der Blüte ein und braucht keine weitere Pflege.

Anemone-Japonica-Gruppe

Japanische Herbst-Anemone
Ranunculaceae, Hahnenfußgewächse

Heimat: Japan. Züchtungen.
Wuchsform: Buschig, Ausläufer bildend, 60–80 cm hoch, treibt erst spät aus.
Blatt: 3-teilig gelappt, leicht behaart.
Blüte: Schalenförmig, weiß (auch rosa und rot), IX–X.
Frucht: Nüsschen mit weißem Pappus.
Verwendung: Vor und zwischen Gehölzen, aber auch für Freiflächen und Beete. 4–6 Pfl./m².
Vermehrung: Teilung und Wurzelschnittlinge (im Winter).
Sorten: 'Honorine Jobert', weiß; 'Prinz Heinrich', rot, halbgefüllt (Bild).
Pflege: Vertrocknetes Laub im Frühjahr vor dem Neuaustrieb entfernen.

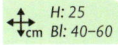 *H: 25 cm Bl: 40–60*   *V–VI* 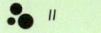 *II*

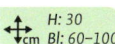 *H: 30 cm Bl: 60–100*   *VII–IX*   *II*

Aquilegia vulgaris

Gewöhnliche Akelei
Ranunculaceae, Hahnenfußgewächse

Heimat: Europa, von N-Afrika bis zum Kaukasus.
Wuchsform: Horstig, aufrecht. Wurzeln rüben-förmig.
Blatt: Doppelt 3-zählig, blaugrün.
Blüte: In endständigen Rispen, gespornt, dunkelblau, V–VI.
Frucht: Mehrteilige Balgfrucht. Samen schwarz.
Verwendung: Unter Gehölzen, Wildstauden-pflanzungen. 11 Pfl./m².
Vermehrung: Aussaat im Frühling.
Sorten: Viele, auch langspornige Sorten zum Schnitt.
Hinweis: Giftige Pflanze.
Pflege: Vertrocknete Blütenstiele vorsichtig entfernen.

Astilbe × arendsii

Prachtspiere
Saxifragaceae, Steinbrechgewächse

Heimat: Züchtung aus ostasiatischen Arten.
Wuchsform: Breitbuschig, horstig.
Blatt: Dreifach 3-teilig, lang gestielt, dunkelgrün, Austrieb rotbraun.
Blüte: Rispen straff oder locker, je nach Sorte, viele Farbtöne weiß, rot, violett, VII–IX.
Frucht: Klein, unscheinbar.
Verwendung: Flächig. Gute Schnittpflanze. 4–6 Pfl./m².
Vermehrung: Teilung des Wurzelstocks im Frühling.
Sorten: 'Cattleya', 100 cm, locker, rosa; 'Deutschland', 50 cm, weiß; 'Fanal', 60 cm, dunkelrot; 'Obergärtner Jürgens', 60 cm, karmin (Bild).
Pflege: Jungen Pflanzen Winterschutz geben, alle 3–4 Jahre teilen, um Wuchskraft zu erhalten.

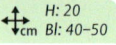 H: 20 cm Bl: 40–50   VI–VIII 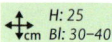 II   H: 25 cm Bl: 30–40 IV–V I

Astrantia major

Große Sterndolde
Apiaceae, Selleriegewächse

Heimat: Mittel- bis O-Europa.
Wuchsform: Buschig, horstbildend.
Blatt: Handförmig, 5-teilig, Stängel beblättert.
Blüte: Weiß bis rötlich; auffällige Hüllblättchen, VI–VIII.
Frucht: Klein, unscheinbar.
Verwendung: Vor und zwischen Gehölzen. Schnittpflanze. Bienenweide. Heilpflanze. 6–11 Pfl./m².
Vermehrung: Teilung im Frühling.
Sorte: 'Ruby Wedding', dunkelrot, wertvolle Neuheit.
Pflege: Rückschnitt im Herbst oder vor dem Austrieb etwa eine Handbreit über dem Boden.

Bergenia-Sorten

Bergenie
Saxifragaceae, Steinbrechgewächse

Heimat: Züchtung. Arten aus O-Asien.
Wuchsform: Ausgebreitet, kriechender Wurzelstock.
Blatt: Breitflächig, bis 30 cm lang, gestielt, glänzend immergrün.
Blüte: In Trugdolden, Einzelblüte glockig, rosa, rot oder weiß, IV–V.
Frucht: Kapsel gespalten.
Verwendung: Einzeln oder flächig, in kleinen Tuffs, im Halbschatten optimal. Schnittpflanze. Blattschmuck. Bienenweide. 6–8 Pfl./m².
Vermehrung: Teilung im Frühling.
Sorten: 'Admiral', 40 cm, rot (Bild); 'Silberlicht', 40 cm, weiß.
Pflege: Bei Bedarf vertrocknete Blätter und Blütenstiele vorsichtig entfernen.

 H: 25 cm Bl: 40   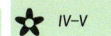 IV–V   I–II

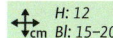 H: 12 cm Bl: 15–20   VI–VII   II

Brunnera macrophylla

Kaukasus-Vergissmeinnicht
Boraginaceae, Raublattgewächse

Heimat: W-Kaukasus.
Wuchsform: Buschig, horstbildend.
Blatt: Breit-herzförmig, bis 25 cm lang und 15 cm breit, rauhaarig.
Blüte: Blau, in lockeren Trauben über dem Laub, IV–V.
Frucht: Grüne Nüsschen.
Verwendung: Vor und zwischen Gehölzen in kleinen Trupps. Blattschmuck. 6–11 Pfl./m².
Vermehrung: Aussaat und Teilung im Frühling. Wurzelschnittlinge im Winter.
Sorte: 'Blaukuppel', gedrungener Wuchs.
Besonderheit: Wurzeln auffällig schwarz gefärbt.
Hinweis: Sommergrün. Selbstaussaat möglich.
Pflege: Pflegeleichte Pflanze, bei der lediglich das vertrocknete Laub entfernt werden kann.

Chiastophyllum oppositifolium

Goldtröpfchen
Crassulaceae, Dickblattgewächse

Heimat: W-Kaukasus.
Wuchsform: Blattrosetten, überhängende Blütentriebe, kriechend.
Blatt: Rundlich, fleischig, am Rand gekerbt.
Blüte: Nickende Blütenrispen, goldgelb, VI–VII.
Frucht: Kleine Kapsel mit sehr feinen Samen.
Verwendung: Bodendecker für kalkarme Standorte, Grabstätten und kleinere Flächen. 11–25 Pfl./m².
Vermehrung: Teilung und Aussaat im Vorfrühling.
Pflege: Genügsame Pflanze, die keine Pflege braucht.

 H: 30 Bl: 20   X   II   H: 40   V–VI   I

Colchicum autumnale

Herbst-Zeitlose
Colchicaceae, Zeitlosengewächse

Heimat: Europa.
Wuchsform: Aufrecht, horstbildende Zwiebel-pflanze.
Blatt: Zungenförmig, erscheint im Frühling.
Blüte: Trichterförmig, violettrosa, X.
Frucht: 3-teilige Kapsel im Frühling, 3–4 cm, erst grün, dann braun.
Verwendung: In kleinen Gruppen in tiefgrün-digen Böden, die Gartensorten auf Beeten und Steingärten. 6–11 Pfl./m².
Vermehrung: Teilung alter Horste im Sommer, Aussaat sofort nach der Ernte.
Sorten: 'Lilac Wonder', fliederfarben; 'Waterlily', rosa gefüllt (Bild).
Hinweis: Giftige Pflanze.
Pflege: Pflanze zieht nach der Blüte ein und braucht keine weitere Pflege.

Cypripedium calceolus

Frauenschuh
Orchidaceae, Orchideengewächse

Heimat: Mittel- und O-Europa, Kaukasus, Sibirien.
Wuchsform: Aufrecht, horstbildend, Rhizomar-tige Wurzel.
Blatt: Elliptisch, längsgestreift, Triebe 3- bis 5-blättrig.
Blüte: 1- bis 2-blütig, pantoffelförmig, rotbraun mit gelbem Schuh. V–VI.
Frucht: Längliche Kapsel, staubfeine Samen.
Verwendung: Für Natur- und Steingärten an bevorzugter Lage. 6 Pfl./m².
Vermehrung: Teilung im Frühling. Aussaat in Speziallabors.
Hinweis: Geschützte Wildpflanze. Nur Pflanzen aus gärtnerischer Herkunft dürfen gehandelt werden.
Pflege: Humosen, schattigen Standort wählen und vor Schnecken schützen.

 H: 60 cm Bl: 100   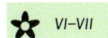 VI–VII   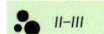 II–III

 H: 50 cm Bl: 80   IV–V   I

Deschampsia cespitosa

Rasen-Schmiele
Poaceae, Süßgräser

Heimat: Asien, Europa, N-Amerika.
Wuchsform: Zierlich, horstig, überhängend.
Blatt: Schmal-linealisch, wintergrün, im Herbst gelblich.
Blüte: Zierliche Rispe, etagenförmig, VI–VII.
Fruchtstand/Frucht: Rispe. Karyopse.
Verwendung: Vor und zu Gehölzen, einzeln oder in Gruppen in niederen Wildstaudenpflanzungen. Trockensträuße. 2–6 Pfl./m².
Vermehrung: Teilung im Vorfrühling.
Sorten: 'Bronzeschleier', goldbraun; 'Tauträger', lockere Rispen.
Hinweis: Auf Rostpilze achten.
Pflege: Keine besonderen Pflegemaßnahmen notwendig.

Dicentra spectabilis

Herzblume, Tränendes Herz
Fumariaceae, Erdrauchgewächse

Heimat: China, Korea, Mandschurei.
Wuchsform: Horstig, bogig überhängend, fleischige, brüchige Wurzeln.
Blatt: Doppelt 3-teilig zusammengesetzt, graugrün.
Blüte: Herzförmig, an waagerechten Trauben, 3 cm groß, hellrosa, IV–V.
Frucht: Unscheinbar. Bildet keine Samen aus.
Verwendung: Vor und unter säureliebenden Gehölzen. In Verbindung mit Farnen und Frühlingsstauden. 1–3 Pfl./m².
Vermehrung: Teilung im Vorfrühling.
Sorte: 'Alba', weiß.
Pflege: Nach dem Einziehen der Pflanze können die verdorrten Triebe abgeschnitten werden.

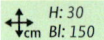 *H: 30* cm *Bl: 150*   VII–VIII   I

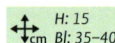 *H: 15* cm *Bl: 35–40*   IV–V   II

Digitalis ferruginea

Rostfarbiger Fingerhut
Scrophulariaceae, Braunwurzgewächse

Heimat: S-Europa bis Kleinasien.
Wuchsform: Straff aufrecht, horstig.
Blatt: Lineal-lanzettlich, dunkelgrün, wintergrün.
Blüte: Gelbe, braun geaderte Rachenblüten in endständiger Traube, VII–VIII.
Frucht: Kapsel.
Verwendung: Sonnige Plätze in Wildstaudenpflanzungen vor und zu Gehölzen. 4–11 Pfl./m².
Vermehrung: Aussaat im Vorfrühling.
Sorte: 'Gigantea', großblumiger als die Art.
Weitere Art: *Digitalis purpurea*, Roter Fingerhut, große, rote Blüten; für saure Böden im Halbschatten. Heilpflanze. Giftig.
Pflege: Durch Rückschnitt direkt nach der Blüte, kann es zu einem zweiten Blütenflor kommen. Bei gewünschter Selbstaussaat sollte das nicht gemacht werden.

Doronicum orientale

Gämswurz
Asteraceae, Asterngewächse

Heimat: SO-Europa bis zum Kaukasus.
Wuchsform: Aufrecht, lockerhorstig.
Blatt: Herzförmig, am Rand gekerbt, hellgrün.
Blüte: Meist 1-blütiges Körbchen, leuchtend gelb, IV–V.
Fruchtstand/Frucht: Körbchen, Samen mit Pappus.
Verwendung: In Wildstaudenpflanzungen und zum Schnitt. 11 Pfl./m².
Vermehrung: Teilung nach der Blüte.
Sorten: 'Magnificum', goldgelb; 'Riedels Goldkranz', goldgelb. Gefüllte Sorten bekannt: z. B. 'Gerhard', hellgelb.
Hinweis: Zu hohe Feuchtigkeit fördert Pilzbefall.
Pflege: Durch regelmäßige Entfernung von verwelkten Blüten, wird die Blühdauer verlängert.

⬍cm H: 20 Bl: 25–40 ✱ IV–V ☄ III

⬍cm H: 20 Bl: 40 ✱ VII–VIII ☄ II–III

Epimedium pinnatum subsp. colchicum

Schwarzmeer-Elfenblume
Berberidaceae, Sauerdorngewächse

Heimat: Transkaukasien, Georgien.
Wuchsform: Buschig, lockerhorstig, ausläufer-
bildend.
Blatt: 3- bis 5-teilig, Blättchen herz-eiförmig,
zugespitzt, 3–4 cm lang, Rand wenig gezähnt,
wintergrün, erfrieren erst ab –10° C.
Blüte: In einfacher Traube, 1,5 cm groß, ge-
spornt, gelb, IV–V.
Frucht: Wird selten gebildet.
Verwendung: Wichtiger Bodendecker unter Ge-
hölzen, Grabstätten. 11 Pfl./m².
Vermehrung: Teilung im Vorfrühling; Rhizomtei-
lung ab Herbst.
Pflege: Keine Pflegemaßnahmen notwendig.

Festuca gautieri

Bärenfell-Schwingel
Poaceae, Süßgräser

Heimat: Pyrenäen.
Wuchsform: Polsterartig, breithorstiges Gras,
nach Jahren auch flächig.
Blatt: Fein, haarförmig, mattgrün, wintergrün.
Blüte: Rispe, gelblich, VII–VIII.
Fruchtstand/Frucht: Rispe, Karyopse. Samen
länglich.
Verwendung: In kleineren Gruppen in Felsstep-
penpflanzungen. Als Bodendecker nicht optimal,
wird von innen her braun. Für Grabstätten geeig-
net. 6–11 Pfl./m².
Vermehrung: Teilung, Aussaat im Frühling.
Sorte: 'Pic Carlit', gedrungener als die Art.
Pflege: Rückschnitt im Frühjahr vor dem Neu-
austrieb. Auf mageren Böden langlebiger. Wenn
Pflanze von innen her braun wird, alte Teile
abstechen.

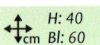 H: 40 cm Bl: 60   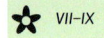 VII–IX   I

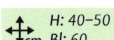 H: 40–50 cm Bl: 60   VI–VII   II

Gentiana asclepiadea

Schwalbenwurz-Enzian
Gentianaceae, Enziangewächse

Heimat: Mitteleuropa, Kaukasus, Vorderasien.
Wuchsform: Überhängend, ausladend, horstig.
Blatt: Verkehrt-eiförmig, gegenständig angeordnet, Stiele beblättert.
Blüte: Glockig, in den oberen Blattachseln sitzend, blau oder weiß, VII–IX.
Frucht: Kapsel.
Verwendung: Einzeln zu größeren Steinen und Sträuchern im Halbschatten. Der überhängende Wuchs sollte zur Geltung kommen. 6 Pfl./m².
Vermehrung: Teilung, Aussaat im Vorfrühling. Nur mit Topfballen verpflanzen.
Sorte: 'Alba', weiß.
Pflege: Rückschnitt im zeitigen Frühjahr vor dem Neuaustrieb.

Geranium × magnificum

Pracht-Storchschnabel
Geraniaceae, Storchschnabelgewächse

Heimat: Züchtung (*G. ibericum × G. platypetalum*).
Wuchsform: Dichtbuschig, horstig.
Blatt: Rundlich gelappt, weich behaart, grün, im Herbst orange-gelb.
Blüte: In Doldentrauben, blauviolett, VI–VII.
Frucht: Schnabel mit Teilfrüchten, die oft nur teilweise entwickelt werden. Die Samen reifen nicht aus.
Verwendung: In Staudenbeeten und Rabatten, herrlich zu Pfingstrosen. 4–11 Pfl./m².
Vermehrung: Teilung im Frühling.
Hinweis: Verträgt Trockenheit, Wärme sowie kalkreiche Böden.
Pflege: Rückschnitt im zeitigen Frühjahr etwa eine Handbreit über dem Boden.

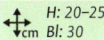 *H: 20–25*
Bl: 30 VI–VII   II

 H: 15
Bl: 25 III–IV   II

Geranium renardii

Kaukasus-Storchschnabel
Geraniaceae, Storchschnabelgewächse

Heimat: Kaukasus.
Wuchsform: Kissen bildend, horstig.
Blatt: Nierenförmig gelappt, 4–5 cm breit, grau-
grün behaart.
Blüte: 1- bis 2-blütig, 25 mm breit, weiß, VI–VII.
Frucht: Aufrecht, an aufrechten Stielen. Schna-
belförmige Frucht mit Teilfrüchten.
Verwendung: Vielseitig, aber immer trocken und
sonnig. 11 Pfl./m².
Vermehrung: Teilung im Frühling. Oft Selbst-
aussaat.
Hinweis: Verträgt viel Trockenheit und Wärme.
Pflege: Rückschnitt im zeitigen Frühjahr etwa
eine Handbreit über dem Boden.

Helleborus niger

Christrose
Ranunculaceae, Hahnenfußgewächse

Heimat: Alpen, Apenninen, Karpaten.
Wuchsform: Dichtbuschig, kurze Rhizome bil-
dend, langlebig.
Blatt: Handförmig geteilt, immergrün.
Blüte: Schalenförmig, großblumig, 1- bis 2-blü-
tig, weiß, später rosa, III–IV.
Frucht: Balgfrucht mit braun-schwarzen Samen.
Verwendung: In kleinen Trupps zu Gehölzen.
Wichtige Schnittpflanze. Heilpflanze.
6–11 Pfl./m².
Vermehrung: Teilung im Herbst oder nach der
Blüte, Aussaat sofort nach der Ernte.
Sorten: 'Praecox', blüht ab XI (Bild); 'Van Keesen',
Treibsorte.
Pflege: Für ausreichende Feuchte bis Juni
achten. Unansehnliche Blätter nach der Blüte
entfernen.

 H: 20 cm Bl: 30   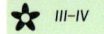 III–IV   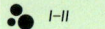 I–II

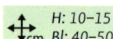 H: 10–15 cm Bl: 40–50   V–VII   II

Helleborus-Sorten

Christrose
Ranunculaceae, Hahnenfußgewächse

Heimat: Züchtung.
Wuchsform: Dichtbuschig, aufrecht, langlebig.
Blatt: Handförmig geteilt, dunkelgrün, immergrün.
Blüte: Schalenförmig, großblumig, 1- bis 2-blütig, rosa bis schwarzrot, III–IV.
Frucht: Balgfrucht mit braun-schwarzen Samen.
Verwendung: In kleinen Trupps zu Gehölzen. Schnittpflanze. 2–4 Pfl./m².
Vermehrung: Teilung im Herbst oder nach der Blüte, Aussaat sofort nach der Ernte.
Sorte: 'Atrorubens', rot (Bild).
Hinweis: Auf Pilzbefall achten.
Pflege: Auf Bodenbearbeitung verzichten, Pflanze ungestört wachsen lassen. Benötigt keine Pflege.

Heuchera-Sorten

Purpurglöckchen
Saxifragaceae, Steinbrechgewächse

Heimat: Züchtung. Arten aus Amerika.
Wuchsform: Buschig, horstig, verdickte Erdstämme.
Blatt: Herzförmig gelappt, langgestielt, grün oder rötlich, wintergrün.
Blüte: An fein verzweigten Rispen, glockenförmig, weiß, rosa, rot, V–VII.
Frucht: Kleine Kapsel.
Verwendung: Als Gruppenpflanze in Steingärten und vor Gehölzen. Schnittpflanze. 6–11 Pfl./m².
Vermehrung: Teilung im Vorfrühling.
Sorten: 'Red Spangles', scharlach; 'Scintillation', leuchtend rosa; 'Silberregen', weiß.
Hinweis: Auf Nematoden achten.
Pflege: Rote Sorten an helleren Standorten pflanzen, da sie sonst vergrünen. Keine Pflege notwendig.

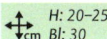 *H: 20–25 cm Bl: 30*   *VII–IX*   *IV–V*   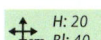 *H: 20 cm Bl: 40*   *VIII–IX*   *II*

Hypericum calycinum

Großblütiges Johanniskraut
Clusiaceae, Clusiagewächse

Heimat: O-Europa, S-Europa, Türkei.
Wuchsform: Flach ausgebreitet, Triebe aufrecht, wuchert durch Bodentriebe. Halbstrauch.
Blatt: Oval, gegenständig angeordnet, blaugrün, immergrün.
Blüte: Schalenförmig, mit vielen Staubfäden, 7 cm groß, goldgelb, VII–IX.
Frucht: Grüne Kapsel, selten.
Verwendung: In Gruppen oder großen Mengen als Flächenbegrüner. 8–11 Pfl./m².
Vermehrung: Teilung im Frühling, Stecklinge im Sommer.
Hinweis: Laub kann in strengen Wintern leiden.
Pflege: Rückschnitt im zeitigen Frühjahr etwa eine Handbreit über dem Boden, wenn keine stärkeren Fröste mehr zu erwarten sind.

Liriope muscari

Liriope, Lilientraube
Convallariaceae, Maiglöckchengewächse

Heimat: China, Japan.
Wuchsform: Lockerrasig, gebogen, horstig.
Blatt: Lineal-lanzettlich, grasartig, immergrün.
Blüte: Dichte Blütentraube mit kleinen, violetten Einzelblütchen, VIII–IX.
Frucht: Kleine Steinfrüchte.
Verwendung: Einzeln oder in kleinen Gruppen zu Gehölzen. 11 Pfl./m².
Vermehrung: Teilung im Frühling. Auch Aussaat.
Sorte: 'Big Blue', 50 cm, blauviolett.
Hinweis: Wertvoller Sommerblüher für den Schattenbereich. In strengen Wintern Schutz durch Reisigdecke.
Pflege: Nach dem Einziehen der Pflanze können die verdorrten Triebe abgeschnitten werden.

H: 20–30 cm / Bl: 30	V–VI	III

Lithospermum purpureocaeruleum

Steinsame
Boraginaceae, Raublattgewächse

Heimat: Kleinasien, Mittel- und S-Europa.
Wuchsform: Niederliegend, bildet bogenförmige, beblätterte Ausläufer, rhizombildend.
Blatt: Lanzettlich, 2–3 cm lang, grün behaart.
Blüte: In einer Wickeltraube, in der Knospe rot, geöffnet enzianblau, V–VI.
Frucht: Weißes, hartes Nüsschen
Verwendung: Flächendecker für wärmere Lagen. Dachbegrünung. Bienenweide. 6–11 Pfl./m².
Vermehrung: Abtrennen der Ausläufer, halbweiche Stecklinge im Sommer.
Pflege: Rückschnitt nach der Blüte oder vor dem Austrieb etwa eine Handbreit über dem Boden.

H: 20 cm / Bl: 40	VI–VII	III

Luzula nivea

Schneeweiße Hainsimse
Juncaceae, Binsengewächse

Heimat: Alpen, Apennin, Pyrenäen.
Wuchsform: Aufrecht, leicht überhängend, horstig.
Blatt: Schmal, am Rand behaart, immergrün.
Blüte: Gedrungene Rispe. Blüten in Büscheln am Ende der Stiele, weiß, VI–VII.
Fruchtstand/Frucht: Braune Büschel, Karyopse.
Verwendung: In grössern Gruppen, wirkt auch in der Fläche, vor Gehölzen. Schnittpflanze. Trockenbinderei. 11 Pfl./m².
Vermehrung: Teilung und Aussaat im Frühling.
Sorten: 'Schneehäschen', 'Silberglanz', kleinwüchsige Auslesen.
Hinweis: Selbstaussaat an geeigneten Stellen.
Pflege: Rückschnitt im zeitigen Frühjahr vor dem Neuaustrieb.

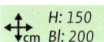 H: 150 cm Bl: 200   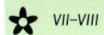 VII–VIII   I   H: 30 cm Bl: 80   VI–VII   I

Macleaya cordata

Federmohn
Papaveraceae, Mohngewächse

Heimat: China, Japan.
Wuchsform: Aufrecht, ausläufertreibend. Stiele mit bräunlichem Milchsaft.
Blatt: Rundlich-herzförmig, lappig ausgebuchtet, blaugrün, unterseits weiß.
Blüte: Doldenrispe, über dem Laub, blassgelb, ohne Kronblätter, daher keine Fernwirkung.
Frucht: Winzige Kapseln.
Verwendung: Vor Mauern und Gebäuden in Einzelstellung. 1–4 Pfl./m².
Vermehrung: Teilung und Wurzelschnittlinge.
Hinweis: Begrenzen des Wurzelwachstums durch Dachpappe, Betonring oder Folie.
Pflege: Rückschnitt im Herbst etwa eine Handbreit über dem Boden.

Meconopsis betonicifolia

Tibet-Scheinmohn
Papaveraceae, Mohngewächse

Heimat: Oberburma, Tibet, Westchina.
Wuchsform: Aufrecht, horstig.
Blatt: Verkehrt-eiförmig, gekerbt, bräunlich behaart, grün.
Blüte: In den oberen Blattachseln entspringend, 4-petalig, große Blüten himmelblau, gelbe Staubgefäße, VI–VII.
Frucht: Längliche Kapsel (Streufrucht).
Verwendung: Einzeln oder in kleinen Gruppen zu Rhododendron, in größeren Steingärten. 4–6 Pfl./m².
Vermehrung: Aussaat im Frühling unter Glas.
Weitere Art: *M. cambrica,* Waldscheinmohn aus W-Europa blüht gelb, 40 cm, anspruchslos.
Pflege: Abgeblühte Stängel abschneiden.

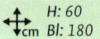 H: 60 cm Bl: 180   VIII–X   I   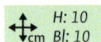 H: 10 cm Bl: 10   IV–V   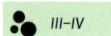 III–IV

Molinia arundinacea

Rohr-Pfeifengras
Poaceae, Süßgräser

Heimat: Europa.
Wuchsform: Aufrecht, horstig.
Blatt: Breit-lineal, grün, im Herbst goldgelb.
Blüte: Gelbgrün, an steifen, knotenlosen Halmen, Rispen verzweigt, VIII–X.
Fruchtstand/Frucht: Karyopsen an verzweigten Rispen.
Verwendung: Einzeln in größeren Gärten, am trockenen Teichrand. Schnittpflanze. Trockenbinderei. 1 Pfl./m².
Vermehrung: Teilung im Vorfrühling.
Sorten: 'Karl Foerster', 200 cm (Bild); 'Transparent', 180 cm.
Hinweis: Stattliches Gras.
Pflege: Rückschnitt im Frühjahr vor dem Neuaustrieb.

Omphalodes verna

Gedenkemein
Boraginaceae, Boretschgewächse

Heimat: S-Europa.
Wuchsform: Flach, ausläuferbildend.
Blatt: Herz-eiförmig zugespitzt, gestielt, ganzrandig, 8 cm lang, wechselständig, grün.
Blüte: In lockeren Trauben, himmelblau mit weißem Auge, IV–V.
Frucht: Kleine Nüsschen.
Verwendung: Frühlingsbeete, zu niederen Sträuchern, wichtiger Bodendecker. 16 Pfl./m².
Vermehrung: Teilung im Vorfrühling.
Sorten: 'Alba', weiße Blüten; 'Grandiflora', großblumiger als die Art.
Hinweis: Lange, oberirdische Ausläufer. Kann schwache Pflanzenpartner verdrängen.
Pflege: Rückschnitt nach der Blüte.

| H: 15–25 cm Bl: 20–30 | ✤ III–IV | ● I |

Primula denticulata

Kugel-Primel
Primulaceae, Schlüsselblumengewächse

Heimat: Afghanistan bis China.
Wuchsform: Aufrecht, horstig. Wuchshöhe/Blü-
tenhöhe: 15–25/20–30 (später auch 50 cm).
Blatt: Spatelförmig, Rand gezähnt, bis 50 cm
lang und 10 cm breit.
Blüte: Trichterblüten in kugeligem Blütenstand,
violettrosa, III–IV.
Fruchtstand/Frucht: Kugelige Kapselfrüchte in
halbkugeligem Fruchtstand, bis 50 cm hoch.
Verwendung: Kleinen Trupps, zu Märzenbecher
und Blaustern. 11–16 Pfl./m².
Vermehrung: Aussaat, Teilung, Wurzelschnitt-
linge.
Sorten: ‘Alba’, weiß; ‘Rubin’, rot.
Pflege: Keine Pflegemaßnahmen notwendig.

| H: 8 cm Bl: 12 | ✤ III–IV | ● III |

Primula juliae

Teppich-Primel
Primulaceae, Schlüsselblumengewächse

Heimat: Züchtung.
Wuchsform: Teppichartig, kriechend.
Blatt: Rundlich, gezähnt, grün.
Blüte: Einzelblüte mit röhrigem Schlund, 5-tei-
lig, in verschiedenen Farbtönen von weiß bis rot
und violett, III–IV.
Frucht: Kugelige Kapsel.
Verwendung: In größerer Anzahl unter lockeren
Sträuchern, Steingärten. Bodendecker für nicht
zu trockene Lagen. 25 Pfl./m².
Vermehrung: Aussaat im Vorfrühling, auch
Teilung.
Sorten: ‘Frühlingsfeuer’, feuerrot; ‘Helge’, hell-
gelb; ‘Schneewittchen’, weiß.
Pflege: Benötigt keine Pflege, am besten unge-
stört wachsen lassen.

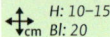 H: 10–15 cm Bl: 20   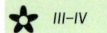 III–IV   III

 H: 5 cm Bl: 15   IV–V   II

Primula veris

Echte Schlüsselblume
Primulaceae, Schlüsselblumengewächse

Heimat: Europa bis Zentralasien.
Wuchsform: Aufrecht, lockerhorstig.
Blatt: Eiförmig, gezähnt, grün.
Blüte: Röhrenblüten in Doldentrauben, goldgelbe, III–IV.
Fruchtstand/Frucht: Kugelige Kapsel in bleichen Hüllblättern.
Verwendung: Wildstaudenbereiche, unter spät austreibenden Laubgehölzen. Heilpflanze. 11–25 Pfl./m².
Vermehrung: Teilung, Aussaat im Vorfrühling.
Hinweis: Giftige Pflanze. Höhepunkt vor der Laubentfaltung der Bäume in der Umgebung.
Pflege: Keine besonderen Pflegemaßnahmen notwendig.

Saxifraga × arendsii

Moos-Steinbrech
Saxifragaceae, Steinbrechgewächse

Heimat: Züchtung, Arten aus N-Europa.
Wuchsform: Kissenförmig, vieltriebige Rosettenpflanze, bildet moosartige Polster.
Blatt: Rosettenförmig angeordnet, fiederschnittig, immergrün.
Blüte: Schalenförmig, zu mehreren auf dünnen Stielen, karminrosa, IV–V.
Frucht: 2-fächrige Kapsel.
Verwendung: Für Steingärten, Trockenmauern, Dachgärten, vor Gehölzen. 16–25 Pfl./m².
Vermehrung: Teilung, III.
Sorten: Meist Züchtungen aus S. *decipiens* und S. *hypnoides*. 'Blütenteppich', rosa; 'Leuchtkäfer', rot; 'Schneeteppich', weiß; 'Schwefelblüte', gelb.
Hinweis: Nicht in der Sonne.
Pflege: Wenn die Polster von innen verkahlen, Pflanze teilen und grüne Rosetten frisch einpflanzen.

✛ H: 10
cm Bl: 15   ✭ VI–VIII   ⬤ II–V

✛ H: 40
cm Bl: 120   ✭ V–VII   ⬤ I

Sedum spurium

Kaukasus-Fettheme
Crassulaceae, Dickblattgewächse

Heimat: Armenien, Kaukasus, Iran.
Wuchsform: Kriechend bis aufstrebend, teils wurzelnd.
Blatt: Rundlich, am Rand gekerbt, gegenständig, dunkelgrün, wintergrün.
Blüte: In Doldenrispen, sternförmig, rosa, VI–VIII.
Frucht: 5-teilige Kapsel.
Verwendung: Rasenersatz und Bodendecker für sonnige Böschungen. Extensive Dachbegrünung. Gräber. 16 Pfl./m².
Vermehrung: Teilung, auch Sprossenteilung.
Sorten: 'Album Superbum', weiß; 'Fuldaglut', Blätter und Blüten rot; 'Tricolor', rot-weiß-grüne Blättchen.
Pflege: Genügsame Pflanze, die keine Pflege braucht.

Thalictrum aquilegifolium

Akeleiblättrige Wiesenraute, Amstelraute
Ranunculaceae, Hahnenfußgewächse

Heimat: Europa, Japan. Sibirien.
Wuchsform: Aufrecht, horstig.
Blatt: Zweifach 3-teilig gelappt, akeleiähnlich, grün.
Blüte: In endständiger Doldenrispe, Blütenblätter fehlen, Staubblätter lilarosa, stark entwickelt, daher in der Erscheinung flauschig.
Frucht: Kleine Balgfrucht.
Verwendung: Einzeln am Gehölzrand in mehr sauren Böden. Schnittpflanze. 4 Pfl./m².
Vermehrung: Aussaat und Teilung im Frühling.
Sorten: 'Album' weiß, 'Atropurpureum', violett.
Pflege: Rückschnitt nach der Blüte, kann dann noch einmal zur Blüte kommen. Rückschnitt der ganzen Pflanze im Frühjahr etwa eine Handbreit über dem Boden.

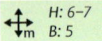 H: 6–7
B: 5
 V
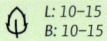 L: 10–15
B: 10–15

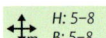 H: 5–8
B: 5–8
 V–VI
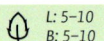 L: 5–10
B: 5–10

Acer japonicum

Japanischer Ahorn
Aceraceae, Ahorngewächse

Heimat: Bergwälder Japans.
Wuchs: Breiter Großstrauch.
Blatt: Hellgrün, fiederschnittig mit 7–11 Lappen, 10–15 cm lang, rotes Herbstlaub.
Blüte: Rotgelb, wenig auffällig; V.
Frucht: Geflügelt und behaart. Spaltfrucht.
Verwendung: Einzelstellung für Vorgärten und an Terrassen.
Sorten: 'Aconitifolium', leuchtend rotes Herbstlaub (Bild); 'Aureum', gelbe, im Herbst orangefarbene Blätter, empfindlich.
Hinweis: Geschützte Lagen.
Pflege: Keine Pflegemaßnahmen notwendig.

Acer palmatum

Fächer-Ahorn
Aceraceae, Ahorngewächse

Heimat: Japan und Korea.
Wuchs: Breitbuschig, bei uns 5–8 m hoch, viele Sorten nur bis 2 m.
Blatt: Fächerförmig, grün, 5- bis 11-lappig, tief eingeschnitten, 5–10 cm breit. Im Herbst leuchtend rote Färbung.
Blüte: Traube, unscheinbar, rot und weiß; V–VI.
Frucht: Spaltfrucht, 1–2 cm lang, geflügelt.
Verwendung: Unbedingt einzeln pflanzen.
Sorten: Sehr viele Sorten bekannt. 'Atropurpureum', Blätter trübrot, im Herbst leuchtender, 5- bis 11-lappig; 'Dissectum', Blätter grün, fein geschlitzt, 2–3 m; 'Dissectum Ornatum', fein geschnittene, rote Blätter, 1–2 m.
Hinweis: Vermehrung durch Aussaat, die Sorten durch Veredlung.
Pflege: Schnittmaßnahmen vermeiden.

 H: 3–5 (–12)
B: 4

 IV–V

 L: 1–2
B: 1

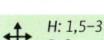 H: 1,5–3
B: 2

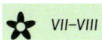 VII–VIII

 L: 10
B: 6

Buxus sempervirens

Gewöhnlicher Buchsbaum
Buxaceae, Buchsbaumgewächse

Heimat: Europa, Asien.
Wuchs: Breit aufrechter Strauch, auch als Kleinbaum möglich.
Blatt: Immergrün, gegenständig, oft gewölbt, eiförmig, 3 cm lang und ledrig.
Blüte: Gelblich grün in den Blattachseln, unscheinbar; IV–V.
Frucht: 3-klappige Kapsel, 7–8 mm, enthält schwarze Samen.
Verwendung: In Gruppen oder als Solitär, vielfach als Heckenpflanze.
Sorte: 'Suffruticosa', der „Einfassungsbuchs", wird nur 1 m hoch.
Hinweis: Ganz anspruchslose Heckenpflanze.
Pflege: Sehr schnittverträglich.

Callicarpa bodinieri var. giraldii

Schönfrucht
Verbenaceae, Eisenkrautgewächse

Heimat: Zentral- und West-China.
Wuchs: Dichter Busch, 2 m hoch, graue Triebe mit gegenständigen Knospen.
Blatt: Dunkelgrün, elliptisch, bis 10 cm lang, gelbliche Herbstfärbung.
Blüte: Dichte Trugdolden in den Blattachseln, lilarosa, 1 cm groß; VII–VIII.
Frucht: Kugelige, lilafarbene beerenartige Steinfrüchte, 3–4 mm groß.
Verwendung: Hausgarten, Park, Zweige zum Vasenschnitt. Einzeln, zum besseren Fruchtansatz in Gruppen pflanzen.
Sorte: 'Profusion', reich fruchtend.
Pflege: Abgeblühte Blütenstände entfernen, starker Rückschnitt im zeitigen Frühjahr fördert die Blüte.

 H: 3–4 B: 2   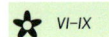 VI–IX   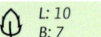 L: 10 B: 7   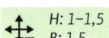 H: 1–1,5 B: 1,5   III–IV   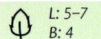 L: 5–7 B: 4

Clematis-Sorten

Großblumige Waldreben
Ranunculaceae, Hahnenfußgewächse

Heimat: Kreuzungen seit 1835 entstanden.
Wuchs: Sortenbedingt, Blattstielranker.
Blatt: Sommergrün, dreizählig, gefiedert.
Blüte: Großblumig, je nach Sorte weiß, rosa, rot oder blau, auch gefüllt; VI–IX.
Frucht: Nüsschen mit federigen Griffeln.
Verwendung: Pergolen und Rankgerüste an Mauern, beschatteter Fuß.
Sorten: 'Lasurstern', lavendelblau, 10–20 cm, VI; 'Nelly Moser', lilarosa mit rotem Streifen, 15–20 cm, VI (Bild); 'Ville de Lyon', karminrot, 15 cm, VI–X.
Hinweis: Vertrocknungsgefahr durch Welkepilze (vorbeugende Fungizidbehandlung) oder Wassermangel im Hochsommer.
Pflege: Schwache Triebe im Frühjahr entfernen, Gerüst aus alten Trieben erhalten. Alle 4–5 Jahre starker Rückschnitt erforderlich.

Corylopsis pauciflora

Armblütige Scheinhasel
Hamamelidaceae, Zaubernussgewächse

Heimat: Japan.
Wuchs: Breitbuschiger, feintriebiger Kleinstrauch, 1–1,5 m hoch, braune Triebe.
Blatt: Wechselständig, eiförmig zugespitzt, bis 7 cm lang, unterseits blaugrün, im Herbst gelb.
Blüte: Primelgelbe Blütenglöckchen zu 2–3 in Ähren, hellere Tragblätter; III–IV.
Frucht: Kapselfrüchte mit 2 Fächern, selten.
Verwendung: Einzeln oder in kleinen Gruppen zu niederen Koniferen und Azaleen.
Weitere Art: *C. spicata* wird im Alter durch Bodentriebe ein breiter Busch, ist in allen Teilen größer als die zierliche *C. pauciflora*.
Hinweis: Besonders dankbarer Frühblüher für geschützte Lagen.
Pflege: Bei langer Sommertrockenheit wässern.

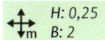 H: 0,25
B: 2 m

 V–VI

L: 3
B: 1,5

H: 2,5
B: 1,5 m

VI–VII

L: 10
B: 3

Cotoneaster dammeri

Teppich-Zwergmispel
Rosaceae, Rosengewächse

Heimat: West-China.
Wuchs: Niederliegender, immergrüner Spalierstrauch, Triebe wurzelnd, 25 cm hoch.
Blatt: Wechselständig, eiförmig, bis 3 cm lang, glänzend grün.
Blüte: Weiß, Trugdolden meist einzeln in Blattachseln, 1 cm groß; V–VI.
Frucht: Kugelige, beerenartige Apfelfrucht, rot, erbsengroß, lange haltend.
Verwendung: Flächenpflanzungen aller Art, für Gräber, Steingärten, Böschungen, Tröge und Balkone, wo sie weit herabhängen können.
Sorten: 'Holsteins Resi', resistent gegen Feuerbrand; 'Major', größere Blätter.
Hinweis: Bei Gefäßen und Dachgärten auf Dickmaulrüssler achten. Auf Feuerbrand achten.
Pflege: Kein Schnitt notwendig.

Deutzia scabra

Raue Deutzie
Hydrangeaceae, Hortensiengewächse

Heimat: Japan.
Wuchs: Straff aufrechter Strauch, Triebe hohl.
Blatt: Länglich lanzettlich bis 10 cm, Basis gerundet, stumpfgrün, rau.
Blüte: Reinweiß, 2 cm groß, in breiten, lockeren Rispen; VI–VII.
Frucht: Kapsel.
Verwendung: Einzeln oder gruppenweise in Gärten und Parks.
Sorten/Arten: 'Candidissima', reinweiß gefüllt; 'Plena', außen rosa gefüllt; *D. gracilis*, überhängender Zwergstrauch, 60–80 cm hoch, Blüte weiß; V–VI.
Hinweis: Anspruchsloser Blütenstrauch.
Pflege: Abgeblühte Triebe entfernen, alle 3–4 Jahre einige ältere Äste an der Basis entfernen.

 H: 3
B: 2 m

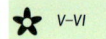 V–VI

 L: 3–5
B: 2

 H: 20–30
B: 10–15 m

IV

L: 7–10
B: 6–12

Euonymus alatus

Flügel-Spindelstrauch
Celastraceae, Spindelbaumgewächse

Heimat: Ostasien.
Wuchs: Sparrig aufrecht, Triebe mit 4 breiten Korkleisten.
Blatt: Elliptisch bis eiförmig, 3–5 cm lang, beidseitig zugespitzt, grün, im Herbst leuchtend dunkelrot, gegenständig.
Blüte: Grünlich gelb, 4-zählig, in Trauben, unscheinbar; V–VI.
Frucht: Eiförmige Kapsel, orangefarbene Fruchthülle mit Samen, selten ausgebildet, Kapsel. Giftig.
Verwendung: Einzelstellung in Vorgärten, Heide- und Steingärten, Parkanlagen.
Hinweis: Herrliche Herbstfärbung.
Pflege: Schnittmaßnahmen nicht notwendig, werden aber bei Bedarf gut vertragen.

Ginkgo biloba

Ginkgo, Silberaprikose
Ginkgoaceae, Ginkgogewächse

Heimat: Südost-China.
Wuchs: Sommergrüner Baum mit breit aufrechter Krone, auffällige Kurztriebe. Borke grau, längsrissig und gefurcht.
Blatt: Fächerförmig mit parallelen Adern, oft in der Mitte gespalten, Herbstfärbung gelb.
Blüte: Zweihäusig, männliche Blüten kätzchenförmig, 5 cm, gelblich; weibliche Blüten unscheinbar; IV. In Büscheln an den Kurztrieben.
Frucht: Grün, später gelb, saftig fleischig, 2 cm, Duft nach Buttersäure, Kern verholzt.
Verwendung: Guter Straßenbaum, nur männliche Exemplare verwenden, Parks, Gärten.
Hinweis: Der Ginkgo ist ein prähistorisches Relikt. Dieser Nacktsamer ist viel älter als die Koniferen.
Pflege: Sehr toleranter Baum, bei dem keinerlei Pflege nötig ist.

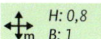 H: 0,8
B: 1 V L: 2–3
B: 1

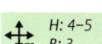 H: 4–5
B: 3 V–VII 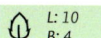 L: 10
B: 4

Lonicera pileata

Immergrüne Kriech-Heckenkirsche
Caprifoliaceae, Geißblattgewächse

Heimat: Mittel- und West-China.
Wuchs: Ausgebreiteter, bis 80 cm hoher, immergrüner Strauch, Triebe mit Mark.
Blatt: 2-zeilig stehend, länglich lanzettlich, 2–3 cm lang, dunkelgrün.
Blüte: Blassgelb, 7–8 mm, röhrig lippig, duftend, paarig angeordnet; V.
Frucht: Kugelige, lilafarbene Beere, 6 mm, giftig.
Verwendung: Flächendecker, unter Gehölzen, Straßenbegleitgrün, niedrige Hecken, Kübel.
Sorten/Arten: *L. nitida*, bis 1,5 m hoch, meist wird die niedrige Sorte 'Elegant' verwendet.
Pflege: Rückschnitt ist möglich.

Lonicera × tellmanniana

Gold-Geißblatt
Caprifoliaceae, Geißblattgewächse

Heimat: Züchtung aus *L. sempervirens × L. tragophylla*.
Wuchs: Stark wachsender Schlinger, olivbraune Triebe kahl und hohl.
Blatt: Tiefgrün, elliptisch zugespitzt, bis 10 cm lang, unterseits weißlich bereift, oberstes Blattpaar zu einer Scheibe verwachsen.
Blüte: Orangegelb, 5 cm lang, röhrenförmig, Krone 2–lippig, in endständigen Quirlen; V–VII.
Frucht: Rote Beeren in endständigen Trauben, giftig.
Verwendung: Für Pergolen und Zäune.
Hinweis: Reich blühender Schlinger, remontiert.
Pflege: Verblühte Triebe um 1/3 einkürzen, Gerüst aus älteren Trieben erhalten.

 H: 1 · B: 0,8 m   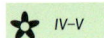 IV–V   L: 20 · B: 12

 H: 2–3 · B: 2–3 m   V–VI   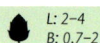 L: 2–4 · B: 0,7–2

Mahonia aquifolium

Gewöhnliche Mahonie
Berberidaceae, Berberitzengewächse

Heimat: Westliches Nordamerika.
Wuchs: Aufrecht, durch Wurzeltriebe breit-buschig, Holz innen gelb.
Blatt: Wechselständig, immergrün, bis 20 cm lang, unpaarig gefiedert, 5- bis 11-zählig, Einzelblättchen 4–8 cm lang, unterseits heller, am Blattrand mit Stachelzähnen.
Blüte: Gelb, 1 cm groß, in aufrechten, dichten Trauben, end- oder achselständig; IV–V.
Frucht: Blaubereifte, längliche Beeren, 1 cm lang.
Verwendung: In Gruppen, einzeln, oder als Heckenpflanze, auch geschnitten. Kranzbinderei.
Sorte: 'Apollo', frosthärter, im Winter rötliche Blattfärbung.
Hinweis: Auf Mehltau achten.
Pflege: Kein Schnitt notwendig, wird aber gut vertragen.

Pyracantha coccinea

Mittelmeer-Feuerdorn
Rosaceae, Rosengewächse

Heimat: Südeuropa, Südwestasien.
Wuchs: Breit aufrecht, sparrig verzweigt, bis 3 m hoher, undurchdringlicher Großstrauch. Grauschwarze Triebe mit steifen Dornen, wechselständig.
Blatt: Elliptisch, zugespitzt, 2–4 cm lang, glänzend grün, immergrün.
Blüte: Weiß, 8 mm breit, in vielblütigen Doldenrispen; V–VI.
Frucht: Apfelfrüchte, meist orange, 5–6 mm groß, lang haftend.
Verwendung: Einzeln, in Gruppen oder als frei wachsende Fruchthecke in Gärten und Parks.
Sorten: 'Bad Zwischenahn', orange; 'Orange Glow', orange; 'Soleil d'Or', gelb (Bild).
Hinweis: Feuerbrandgefährdet.
Pflege: Schnittmaßnahmen nicht notwendig, werden aber sehr gut vertragen.

H: 3,5–6 B: 2,5–4 m	V–VI	L: 6–12 B: 5

Rhododendron catawbiense

Catawba-Rhododendron
Ericaceae, Heidekrautgewächse

Heimat: Östliches Nordamerika.
Wuchs: Breitbuschiger Strauch, immergrün, dicht verzweigt.
Blatt: Elliptisch bis länglich, 6–12 cm lang, zugespitzt, glänzend grün. Giftig.
Blüte: Violett, trichterförmig, 5–6 cm groß, zu 15–20 in dichtem Blütenstand; V–VI.
Frucht: 5-teilige, braune, verholzte Kapsel.
Verwendung: Einzeln, in Gruppen oder als frei wachsende, dichte Blütenhecke.
Sorten: 'Grandiflorum', lila, großblumig, gut winterhart; 'Cunningham's White', weiß, hart; 'Humboldt', hellpurpur, rote Zeichnung, hart; 'Queen Mary', rot.
Pflege: Abgeblühte Blütenstände vorsichtig ausbrechen und auf richtigen Standort achten.

H: 1–2 B: 1 m	V	L: 7–10 B: 3

Rhododendron molle subsp. japonicum

Japanische Azalee
Ericaceae, Heidekrautgewächse

Heimat: Japan.
Wuchs: Breit aufrecht wachsender Strauch, sparrig verzweigt, Triebe braun.
Blatt: Länglich lanzettlich, sommergrün, bis 10 cm lang, Unterseite bläulich grün, im Herbst gelb bis rot, giftig.
Blüte: Trichterförmig, 6–8 cm breit, mit 5 Kronlappen, in Büscheln an den Triebenden; V. Farben je nach Sorte gelb, rosa oder orange.
Frucht: 5-teilige Kapsel, braun.
Verwendung: Einzeln oder in Gruppen für Vorgärten, Hausgärten, Parks.
Sorten/Arten: Viele Hybriden mit anderen Arten, unzählige Sorten.
Pflege: Abgeblühte Blütenstände vorsichtig ausbrechen und auf richtigen Standort achten.

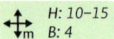 H: 10–15
m B: 4

 V

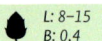 L: 8–15
B: 0,4

H: 1–1,5
m B: 1

VI–IX

L: 2–8
B: 1–5

Sciadopitys verticillata

Schirmtanne
Sciadopityaceae, Schirmtannengewächse

Heimat: Japan.
Wuchs: Schmal kegelförmiger, hoher Baum, Astquirle waagerecht abstehend. Borke glatt, graubraun, später abfasernd.
Blatt: Doppelnadeln 8–15 cm lang, glänzend dunkelgrün, an Triebenden gehäuft.
Blüte: Einhäusig, männliche Blüten gelb, weibliche Blüten bräunlich; V.
Frucht: Zapfen aufrecht, eilänglich, 7–12 cm lang, braunrote Deckschuppen.
Verwendung: Einzelstellung, passt gut zu *Rhododendron*.
Hinweis: Leidet in kalkreichen Böden.
Pflege: Passenden Pflanzplatz wählen, dann ist die Pflanze problemlos.

Spiraea japonica

Japanischer Spierstrauch
Rosaceae, Rosengewächse

Heimat: Ostasien.
Wuchs: Steif aufrechter Kleinstrauch von 1–1,5 m Höhe, vieltriebig.
Blatt: Eiförmig, zugespitzt, 2–8 cm lang, unterseits graugrün, wechselständige Anordnung.
Blüte: Bis 10 mm breit, in 5–10 cm breiten, endständigen Doldentrauben, rosa; VI–IX.
Frucht: Kleine Balgfrüchte, spreizend, braun.
Verwendung: Einzeln, in Gruppen oder als frei wachsende Hecke in Gärten und Parks.
Sorten: 'Anthony Waterer', bis 0,8 m, Blätter oft gelb gestreift, karminrot; 'Little Princess', 0,3–0,6 m hoch, bis 0,8 m breit, hellrosa.
Pflege: Regelmäßiger starker Rückschnitt im Frühjahr.

 H: 3–4 B: 2–3   III   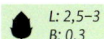 L: 2,5–3 B: 0,3   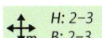 H: 2–3 B: 2–3   III, XI–IV   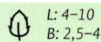 L: 4–10 B: 2,5–4

Taxus × media

Becher-Eibe
Taxaceae, Eibengewächse

Heimat: Kreuzung zwischen *T. baccata × T. cus-pidata.*
Wuchs: Breit säulenförmig, oben oft breiter als an der Basis. Borke rotbraun.
Blatt: Nadeln 2,5–3 cm lang, dunkelgrün, senkrecht vom Trieb abstehend.
Blüte: Zweihäusig, unscheinbar; III.
Frucht: Grüne Samen sind von rotem Arillus umgeben, 1 cm groß.
Verwendung: Für Schnitthecken geeignet, sonst einzeln oder in Gruppen in Gärten.
Sorten: 'Hicksii', wichtigste Sorte, reich fruchtend; 'Strait Hedge', Schnitthecke.
Hinweis: Alle Teile mit Ausnahme des Arillus sind giftig!
Pflege: Sehr schnittverträglich.

Viburnum farreri

Duftender Schneeball
Caprifoliaceae, Geißblattgewächse

Heimat: Nord-China.
Wuchs: Straff aufrechter, Strauch, sparrig verzweigt, Triebe rotbraun.
Blatt: Sommergrün, gegenständig angeordnet, länglich elliptisch, 4–10 cm lang, Blattgrund keilig, auffällige Aderung und gesägter Blattrand, im Herbst braun.
Blüte: Hellrosa Röhrenblüten, 1–2 cm lang, in dichten Rispen; auffälliger Duft nach Vanille, ab XI–IV, Hauptblüte III.
Frucht: Erst rote, später schwarze Steinfrüchte, 1 cm lang, selten.
Verwendung: Einzeln in Hausgärten und Parks.
Ähnliche Art: *V. bodnantense* 'Dawn', ähnlich, aber in allen Teilen stärker, hellrote Blüten.
Pflege: In den ersten Jahren Winterschutz geben.

Schöner Schatten

Diese Planzen leben in der Natur
im Schatten von Wäldern oder Bergen.
Sie benötigen weniger als vier Stunden
Sonne am Tag. Diese Pflanzen bestechen
durch ihr schönes Laub. Jedoch bringen
einige auch zarte Blüten hervor.
Verwandeln Sie dunkle Gartenecken in
lebendige Schattenreiche.

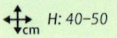 H: 40–50   –   I

 H: 5, Bl: 15   V–VI   III

Adiantum pedatum

Hufeisenfarn, Pfauenradfarn
Adiantaceae, Pfauenradfarngewächse

Heimat: N-Amerika, O-Asien.
Wuchsform: Lockerbuschig, aufrecht, hufeisenförmige Fächer in zwei waagerechte Äste gegabelt, Stiele schwarz.
Blatt: Fiederblättchen, 2 cm lang, oval, hellgrün, im Herbst goldgelb.
Verwendung: Unter älteren, gut eingewurzelten Bäumen. 5 Pfl./m².
Vermehrung: Durch Sporen und Teilung (langsame Methode!).
Sorte: 'Imbricatum', Krauser Pfauenradfarn, 20 cm hoch, Steingärten (Bild).
Pflege: Vertrocknetes Laub im Frühjahr vor dem Neuaustrieb entfernen.

Ajuga reptans

Kriechender Günsel
Lamiaceae, Taubnesselgewächse

Heimat: Europa, N-Afrika bis Iran.
Wuchsform: Oberirdische Ausläufer, Flächendecker.
Blatt: Gegenständig, spatelförmig, mattgrün, wintergrün.
Blüte: 2-lippig, in dichten, aufrechten Scheinähren, blau, V–VI.
Frucht: Unauffällig, kleine Nüsschen werden von Ameisen verbreitet.
Verwendung: Als Flächendecker unter Gehölzen, Teichrand. 16 Pfl./m².
Vermehrung: Teilung, Abtrennen der Rosetten sowie Aussaat.
Sorte: 'Atropurpurea', Laub kupferbraun.
Pflege: Standort darf nicht trocken sein, kann bei Bedarf sogar abgemäht werden.

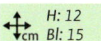 H: 12 cm / Bl: 15   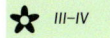 III–IV   III

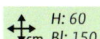 H: 60 cm / Bl: 150   VI–VII   I

Anemone nemorosa

Buschwindröschen
Ranunculaceae, Hahnenfußgewächse

Heimat: Europa bis Asien.
Wuchsform: Buschig, bildet stabförmige Rhizome. Zieht nach der Blüte ein.
Blatt: 3-teilig, lang gestielt, 15 cm hoch.
Blüte: Schalenförmig, weiß, am Abend und bei Regen geschlossen, III–IV.
Fruchtstand/Frucht: Kugeliger Fruchtstand mit kleinen Nüsschen.
Verwendung: Unterpflanzung unter Gehölzen in reifen Böden. 16–25 Pfl./m².
Vermehrung: Teilung der Rhizome, Aussaat langwierig.
Sorte: 'Alba Plena', weiß gefüllte Blüten, 'Blue Bonnet', blau.
Hinweis: Giftige Pflanze.
Pflege: Pflanze zieht nach der Blüte ein und braucht keine weitere Pflege.

Aruncus dioicus

Wald-Geißbart
Rosaceae, Rosengewächse

Heimat: Europa bis Sibirien, N-Amerika.
Wuchsform: Dichtbuschig, horstig.
Blatt: Doppelt 3- bis 5-fach gefiedert.
Blüte: In 50 cm langen Rispen, zweihäusig, weiß, VI–VII.
Frucht: Unscheinbar.
Verwendung: Einzeln in größeren, naturnahen Gärten und Parks. 1 Pfl./m².
Vermehrung: Teilung schwierig, Aussaat im Frühling.
Sorte: 'Kneiffii', Laub geschlitzt.
Hinweis: Besonders langlebige Art.
Pflege: Anspruchslose Pflanze, die ohne Ihr Zutun mit den Jahren immer prächtiger wird.

 H: 10
Bl: 5 cm    III–V   III

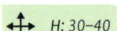 H: 30–40
cm   –   I

Asarum europaeum

Haselwurz
Aristolochiaceae, Osterluzeigewächse

Heimat: Altai, Europa bis Sibirien.
Wuchsform: Kriechend, mattenartig.
Blatt: Nierenförmig, immergrün, Unterseite im Winter oft rötlich.
Blüte: Glockenförmig, unter dem Laub verborgen, grünbraun, III–V.
Frucht: Kapsel braun.
Verwendung: Unter Gehölzen in humosen Böden als Flächendecker. 16 Pfl./m².
Vermehrung: Teilung, Aussaat.
Pflege: Nicht tief pflanzen. Anlaufphase nach der Pflanzung.

Asplenium scolopendrium 'Crispa'

Wellen-Hirschzungenfarn
Aspleniaceae, Streifenfarngewächse

Heimat: Züchtung.
Wuchsform: Horstig, aufrecht bis leicht überhängend.
Blatt: Länglich-lanzettlich, ungeteilt, Blattränder gewellt, wintergrün. Sori auf der Blattunterseite in länglichen Streifen angeordnet, braun.
Verwendung: Bachränder, Steingärten, zwischen Gehölzen. 6–11 Pfl./m².
Vermehrung: Teilung und Sporen, die von Juli bis Oktober reifen. Sorten werden durch Blattstielstecklinge vermehrt.
Pflege: Vertrocknetes Laub im Frühjahr vor dem Neuaustrieb entfernen.

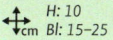 H: 10 cm Bl: 15–25   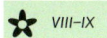 VIII–IX   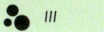 III

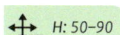 H: 50–90 cm   –   I–II

Astilbe chinensis var. pumila

Chinesische Zwerg-Prachtspiere
Saxifragaceae, Steinbrechgewächse

Heimat: Tibet, N-China.
Wuchsform: Buschig, ausläuferbildend, niedrig.
Blatt: Dreifach 3-zählig, schwach behaart.
Blüte: Aufrechte, steife Rispen, violettrosa, VIII–IX.
Frucht: Unscheinbar.
Verwendung: Flächige Pflanzungen vor Gehölzen. Auch für Gräber und Steingärten. 6–11 Pfl./m².
Vermehrung: Teilung im Frühling.
Pflege: Keinen trockenen Standort wählen, jungen Pflanzen Winterschutz geben, alle 3–4 Jahre teilen, um Wuchskraft zu erhalten.

Athyrium filix-femina

Frauenfarn
Woodsiaceae, Wimpernfarngewächse

Heimat: Nördliche Halbkugel, S-Amerika.
Wuchsform: Horstig, Wedel bogig überhängend.
Blatt: Doppelt bis 3-fach gefiedert, hellgrün.
Verwendung: Unter Gehölzen, im Einzelstand oder in kleinen Trupps. 1,5–2,5 Pfl./m².
Vermehrung: Teilung im Frühling; Sporenreife VII–VIII.
Sorten: 'Bornholmiense', 25 cm; 'Cristatum', gegabelt; 'Rotstiel' (Bild).
Pflege: Vertrocknetes Laub im Frühjahr vor dem Neuaustrieb entfernen.

 H: 30 cm Bl: 30   IV–V   II

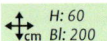 H: 60 cm Bl: 200   IX–X   I

Carex morrowii 'Variegata'

Gestreifte Japan-Segge
Cyperaceae, Zyperngrasgewächse

Heimat: Züchtung.
Wuchsform: Horstig, bogig überhängend.
Blatt: Schmal, grün-weiß gestreift, immergrün.
Blüte: Gelbe Ähren, IV–V.
Fruchtstand/Frucht: Ähre, Karypose hellbraun.
Verwendung: Auch in größerer Anzahl unter und vor Gehölzen. 11 Pfl./m².
Vermehrung: Teilung im Frühling.
Weitere Art: *C. hachijoensis* 'Evergold', gelb-weiß-grün gestreifte Blätter.
Pflege: Auf sauren Böden keine Pflege nötig.

Cimicifuga ramosa

September-Silberkerze
Ranunculaceae, Hahnenfußgewächse

Heimat: Kamtschatka.
Wuchsform: Horstig, straff aufrecht, Blütenkerzen aufrecht.
Blatt: 3-teilig gefiedert, kurz gestielt, grob gesägt.
Blüte: Blütentrauben bis 40 cm lang, weiß, IX–X.
Frucht: Kleine Balgfrucht, unauffällig.
Verwendung: Solitärstaude für kalkarme Böden im Schattenbereich. 1 Pfl./m².
Vermehrung: Teilung im Vorfrühling und Aussaat nach der Samenreife.
Hinweis: Dezenter Fruchtschmuck, erzielt bei Raureif seine Wirkung.
Pflege: Verdorrtes Laub im Herbst oder zeitigen Frühjahr entfernen.

 H: 20
cm Bl: 25 V III

 H: 10
cm Bl: 20 III–IV III

Convallaria majalis

Maiglöckchen
Convallariaceae, Maiglöckchengewächse

Heimat: Europa, Kaukasus, W-Asien.
Wuchsform: Aufrecht, locker, Rhizome bildend.
Blatt: Breit-lanzettlich, bis 15 cm lang, im Spätsommer gelbbraun, zieht ein.
Blüte: Nickende Glöckchen an aufrechten Trauben, 1 cm groß, weiß, V.
Frucht: Rote Beeren erscheinen selten, besonders giftig.
Verwendung: Als Flächendecker unter Gehölzen aller Art, verdrängende Wirkung. 16 Pfl./m².
Vermehrung: Teilung der Rhizome im Sommer.
Sorte: 'Grandiflora', größere Blüten. Schnittpflanze.
Hinweis: Giftige Pflanze.
Pflege: Pflanze zieht nach der Blüte ein und braucht keine weitere Pflege.

Corydalis cava

Hohler Lerchensporn
Fumariaceae, Erdrauchgewächse

Heimat: Europa.
Wuchsform: Dichtbuschige Knollenpflanze. Zieht nach der Blüte ein. Knolle hohl.
Blatt: Doppelt 3-teilig, bläulich grün.
Blüte: Blütentrauben mit gespornten Blüten, rosa oder weiß, III–IV.
Frucht: Schwarze Samen, werden von Ameisen verbreitet.
Verwendung: Unterwuchs unter Gehölzen aller Art. Guter Partner für spät austreibende Stauden. Heilpflanze. 25 Pfl./m².
Vermehrung: Aussaat V–VI.
Hinweis: Giftige Pflanze. An geeigneten Standorten, starke Verbreitung durch Selbstaussaat.
Pflege: Pflanze zieht nach der Blüte ein und braucht keine weitere Pflege.

 H: 5 cm Bl: 10   II–IV   II

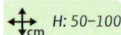 H: 50–100 cm   –   I–II

Cyclamen coum

Frühlings-Alpenveilchen
Primulaceae, Primelgewächse

Heimat: SO-Europa, Kleinasien bis Israel.
Wuchsform: Ausgebreitet, aus abgeflachter Knolle entwickeln sich Blätter und Blüten.
Blatt: Nierenförmig, 5 cm breit, dunkelgrün.
Blüte: Meist 1-blütig, hell-dunkelrosa, auch weiß, 2 cm groß, mit roten Flecken am Grund, II–IV, auch schon ab XII.
Frucht: Kugelig, 1 cm groß, enthält große Samen.
Verwendung: Einzeln oder in kleinen Gruppen unter Vorfrühlingssträuchern. 11–25 Pfl./m².
Vermehrung: Aussaat sofort nach der Ernte.
Sorte: 'Album', weiß.
Hinweis: Geschützte Wildpflanze. Nur Pflanzen gärtnerischer Herkunft dürfen gehandelt werden. Giftig.
Pflege: Pflanze zieht nach dem Austrieb wieder ein und braucht keine weitere Pflege.

Dryopteris affinis

Goldschuppenfarn
Dryopteridaceae, Wurmfarngewächse

Heimat: Europa, Türkei.
Wuchsform: Aufrecht bis bogig, horstbildend.
Blatt: 2-fach gefiedert, im Austrieb goldgelb, wintergrün.
Verwendung: Im Schatten höherer Gehölze auf sauren, humosen Böden. In Einzelstellung zwischen Bodendeckern. 1–2 Pfl./m².
Vermehrung: Sporen keimen auf sterilem, feuchtem Torf.
Sorte: 'Cristata', Königs-Goldschuppenfarn, Fiederenden gegabelt.
Pflege: Rückschnitt im zeitigen Frühjahr vor dem Neuaustrieb.

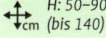 H: 50–90 cm (bis 140)   –   I

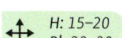 H: 15–20 cm Bl: 20–30   IV–V   II

Dryopteris filix-mas

Wurmfarn
Dryopteridaceae, Wurmfarngewächse

Heimat: Europa, Asien, Afrika, N-Amerika.
Wuchsform: Aufrecht-bogig, horstig.
Blatt: 1-fach gefiedert, dunkelgrün, im Austrieb hellgrün, gelb im Herbst.
Verwendung: Im Schatten höherer Gehölze auf humosen Böden. 0,5–1 Pfl./m².
Vermehrung: Sporen keimen auf sterilem, feuchtem Torf.
Sorte: 'Crispa', Krauser Wurmfarn. Fiederenden kraus, 40–50 cm hoch.
Besonderes: Wurde früher wegen seiner Giftwirkung gegen Bandwürmer eingesetzt.
Pflege: Rückschnitt im zeitigen Frühjahr vor dem Neuaustrieb.

Epimedium grandiflorum

Großblumige Elfenblume
Berberidaceae, Sauerdorngewächse

Heimat: Japan, Mandschurei.
Wuchsform: Buschig, lockerhorstig.
Blatt: Doppelt 3-teilig, Blättchen eiförmig, zugespitzt, 2 cm lang, Rand gezähnt, sommergrün, im Austrieb bronzefarben.
Blüte: In einfacher Traube, 2–4 cm groß, lang gespornt, weiß, IV–V.
Frucht: Wird selten gebildet.
Verwendung: Wichtiger Bodendecker unter Gehölzen. Reiche Blüte, dichter Wuchs. 11 Pfl./m².
Vermehrung: Teilung im Vorfrühling; Rhizomteilung ab Herbst.
Sorten: 'Lilafee', rotviolett (Bild); 'Rose Queen', dunkelrosa.
Pflege: Zieht im Herbst ein, verdorrtes Laub kann dann abgeschnitten werden.

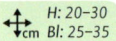 H: 20–30
cm Bl: 25–35   IV–V   II–III

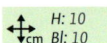 H: 10
cm Bl: 10   II–III   II

Epimedium × versicolor 'Sulphureum'

Gelbe Elfenblume
Berberidaceae, Sauerdorngewächse

Heimat: Züchtung.
Wuchsform: Buschig, lockerhorstig, ausläufer-bildend.
Blatt: Doppelt 3-teilig, Blättchen eiförmig, zuge-spitzt, 3 cm lang, Rand gezähnt, wintergrün, im Austrieb rotfarben.
Blüte: Einfache Traube, 2 cm groß, kurz ge-spornt, hellgelb, IV–V.
Frucht: Wird selten gebildet.
Verwendung: Wichtiger Bodendecker unter Ge-hölzen. Reiche Blüte, dichter Wuchs. 11 Pfl./m².
Vermehrung: Teilung im Vorfrühling; Rhizomtei-lung ab Herbst.
Pflege: Keine Pflegemaßnahmen notwendig.

Eranthis hyemalis

Winterling
Ranunculaceae, Hahnenfußgewächse

Heimat: S-Europa.
Wuchsform: Knolliger Wurzelstock, Stängel mit rosettenförmiger Hochblatthülle. Zieht nach der Fruchtreife ein.
Blatt: Erst nach der Blüte erscheinende Grund-blätter.
Blüte: Schalenförmig, 2–3 cm groß, viele Staub-gefäße und Nektarien, intensiver Duft, goldgelb.
Frucht: Balgfrucht mit großen Samenkörnern.
Verwendung: In größerer Anzahl unter Laubge-hölzen. 25–100 Pfl./m².
Vermehrung: Aussaat nach der Reife, häufig Verbreitung durch Selbstaussaat.
Pflege: Zieht nach der Blüte wieder ein und braucht keine Pflege.

 H: 10 cm Bl: 15   III–IV   III

 H: 12 cm Bl: 15   II–III   III

Erythronium dens-canis

Hundszahn-Lilie
Liliaceae, Liliengewächse

Heimat: Mittel- und S-Europa, N-Asien.
Wuchsform: Aufrecht, horstige Zwiebelpflanze. Zieht nach der Blüte ein.
Blatt: Oval, nur 2 Blätter je Zwiebel, blaugrün, violett gefleckt.
Blüte: Lilienartige Blüte, zartrosa, III–IV.
Frucht: Kapsel, hellbraun.
Verwendung: In kleinen Gruppen unter Vorfrühlingsblühern. 25 Pfl./m².
Vermehrung: Aussaat nach der Samenreife und durch Brutzwiebelchen im Sommer.
Sorte: 'Niveum', weiß.
Ähnliche Art: *E. tuolumnense* aus Kalifornien blüht gelb, für feuchte Humusböden.
Hinweis: Die Zwiebeln dürfen nie austrocknen.
Pflege: Genügsame Pflanze, die keine Pflege braucht.

Galanthus nivalis

Schneeglöckchen
Amaryllidaceae, Amaryllisgewächse

Heimat: Europa bis Südrussland.
Wuchsform: Aufrecht, bogig überhängend, horstbildende Zwiebelpflanze.
Blatt: Lineal-lanzettlich, graugrün.
Blüte: Mit 3 äußeren, bis 2,5 cm breiten Blütenblättern, weiß. Die 3 inneren Blütenblätter sind kürzer und grün gerandet, II–III.
Frucht: Grüne, später braune Beere.
Verwendung: Für Vorfrühlingsbeete, vor Laubgehölzen. 25 Pfl./m².
Vermehrung: Brutzwiebeln im Sommer. Aussaat im Mai.
Sorten: 'Atkinsii', großblumig; 'Samuel Arnott', riesige Blüten, 30 cm hoch.
Hinweis: Geschützte Wildpflanze. Giftig.
Pflege: Pflanze zieht nach der Blüte ein und braucht keine weitere Pflege.

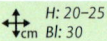 H: 20–25 cm Bl: 30   V–VII   II–III

 H: 10 cm Bl: 12   III–IV   II

Geranium macrorrhizum

Felsen-Storchschnabel
Geraniaceae, Storchschnabelgewächse

Heimat: SO-Alpen, Balkan, Karpaten, Apennin.
Wuchsform: Bildet Matten, treibt Rhizome.
Blatt: Rundlich gelappt, 8 cm breit, drüsenhaarig, grün, im Herbst rotgelb.
Blüte: Mehrblütig, lange Staubgefäße, weiß bis rot, V–VII.
Frucht: Aufrecht, lang und schnabelartig.
Verwendung: Für größere Flächen, verdrängt Unkräuter. 11 Pfl./m².
Vermehrung: Teilung im Frühling.
Sorten: 'Spessart', weiß mit rosa Kelch. Rote Auslesen: 'Czakor' (Bild), 'Velebit'.
Pflege: Rückschnitt im zeitigen Frühjahr etwa eine Handbreit über dem Boden.

Hepatica nobilis var. nobilis

Gewöhnliches Leberblümchen
Ranunculaceae, Hahnenfußgewächse

Heimat: Europa, O-Asien.
Wuchsform: Buschig, horstig.
Blatt: 3-lappig, ganzrandig meist, wintergrün.
Blüte: Schalenförmig, 3 Kelchblätter, 2 cm breit, blau, weiß oder rosa.
Frucht: Balgfrucht.
Verwendung: Einzeln oder in kleinen Gruppen im Vorfrühlingsgarten. 25 Pfl./m².
Vermehrung: Teilung im Vorfrühling, Aussaat im Winter (Kaltkeimer!).
Sorten: 'Plena', blau gefüllt (Bild); 'Rubra Plena', rot gefüllt.
Pflege: Benötigt keine Pflege, am besten ungestört wachsen lassen. Giftig.

 H: 20
Bl: 40
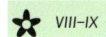 VIII–IX
 II

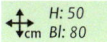 H: 50
Bl: 80
 VII–VIII
 I–II

Hosta lancifolia

Lanzen-Funkie
Hostaceae, Funkiengewächse

Heimat: Japan.
Wuchsform: Horstig, zierlich.
Blatt: Lanzettlich, mit 4 Nervenpaaren, dunkelgrün, glänzend.
Blüte: Hängend, trichterförmig, in einseitswendigen Blütentrauben, lila, VIII–IX.
Frucht: 3-teilige Kapseln, schwarze Samen.
Verwendung: In Gruppen unter Gehölzen, Rabatten und Wegeinfassungen. 6–11 Pfl./m².
Vermehrung: Teilung im Frühling.
Hinweis: Durch Schnecken gefährdet. Hostas treiben spät aus, daher Vergesellschaftung mit Frühlingsgeophyten.
Pflege: Vertrocknetes Laub im Frühjahr vor dem Neuaustrieb entfernen.

Hosta undulata

Wellblatt-Funkie
Hostaceae, Funkiengewächse

Heimat: Japan.
Wuchsform: Horstbildend, halbkugelig.
Blatt: Oval-lanzettlich, gewellt, lang gestielt, 5–9 cm breit. Blütenstiele beblättert.
Blüte: Blütentrauben mit hellvioletten, trichterförmigen Einzelblüten, VII–VIII.
Frucht: Bildet keine Früchte aus.
Verwendung: Einfassungen, Rabatten, unter Gehölzen. 2–3 Pfl./m².
Vermehrung: Teilung im Frühling.
Sorten: 'Undulata Albomarginata', Weißrand-Wellblatt-Funkie, Laub grün mit weißem Rand (Bild). 'Undulata Univittata', Schneefeder-Funkie, Laub mit weißen Feldern. Blüten hellviolett.
Pflege: Vertrocknetes Laub im Frühjahr vor dem Neuaustrieb entfernen.

 H: 50 cm Bl: 80   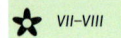 VII–VIII   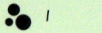 I

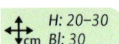 H: 20–30 cm Bl: 30   V–VI   III–IV

Hosta-Sorten

Funkien
Hostaceae, Funkiengewächse

Heimat: Züchtungen.
Wuchsform: Horstbildend, halbkugelig.
Blatt: Herzförmig, lang gestielt. Oft schöne gelbe Herbstfärbung.
Blüte: Blütentrauben mit hellvioletten, lilienartigen Einzelblüten, VII–VIII.
Frucht: Wird selten gebildet.
Verwendung: Einfassungen, Rabatten, unter Gehölzen aller Art. 2–3 Pfl./m².
Vermehrung: Teilung im Frühling.
Sorten: 'Krossa Regal', 90–160 cm hoch, blaugraues Laub, trichterbildend; 'Patriot', 70 cm, Laub breit, dunkelgrün mit weißem Rand (Bild).
Pflege: Robust, durch Schnecken gefährdet.

Lamium galeobdolon

Echte-Taubnessel
Lamiaceae, Lippenblütler

Heimat: Europa, Kleinasien.
Wuchsform: Flach ausgebreitet, oberirdisch wuchernd, auch rankend.
Blatt: Oval zugespitzt, Rand gezähnt, gegenständig, grün, wintergrün.
Blüte: In Etagen quirlständig, Lippenblüte gelb, V–VI.
Frucht: Nüsschen.
Verwendung: Als Bodendecker unter und vor Gehölzen. Heilpflanze. 6–11 Pfl./m².
Vermehrung: Teilung, Abtrennen der bewurzelten Ranken.
Sorten: 'Florentinum', weiß gefleckt, stark wachsend (Bild); 'Silberteppich', schwacher Wuchs.
Hinweis: Kann Unkraut verdrängen.
Pflege: Keine Pflegemaßnahmen nötig.

 H: 20
Bl: 50 cm   IV–VI   II–IV

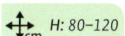 H: 80–120 cm   –   I

Luzula sylvatica

Wald-Hainsimse
Juncaceae, Binsengewächse

Heimat: Europa, W-Kaukasus.
Wuchsform: Aufrecht, bogig ausladend, locker-horstig.
Blatt: Schmal, dunkelgrün, wintergrün.
Blüte: Gedrungene Rispe, hellbraun, in lockeren Büscheln am Ende der Stiele, IV–VI.
Fruchtstand/Frucht: Braune Büschel, Karyopse.
Verwendung: In grössern Gruppen, wirkt auch in der Fläche, unter Gehölzen. Bodendecker. 11 Pfl./m².
Vermehrung: Teilung und Aussaat im Frühling.
Sorten: 'Farnfreund', kompakt; 'Tauernpass', starke Bestockung, Flächendecker (Bild).
Hinweis: Selbstaussaat an geeignetem Standort.
Pflege: Rückschnitt im zeitigen Frühjahr vor dem Neuaustrieb.

Matteuccia struthiopteris

Straußfarn, Trichterfarn
Woodsiaceae, Wimpernfarngewächse

Heimat: Europa bis China.
Wuchsform: Straff aufrecht, ausläuferbildend.
Blatt: Wedel steril, doppelt gefiedert, bilden einen Trichter, hellgrün, im Herbst gelbbraun. Fertile Wedel (Sporophylle) steif aufrecht, 80 cm lang, grün, später braun, zieren im Winter.
Verwendung: Einzeln oder in Gruppen unter Laubbäumen oder in Teichnähe. Trockenbinderei. 1–2 Pfl./m².
Vermehrung: Abtrennen der Ausläufer und durch Sporen, die im Winter reifen.
Hinweis: Breitet sich stark aus, kann dadurch lästig werden.
Pflege: Rückschnitt im zeitigen Frühjahr vor dem Neuaustrieb.

 H: 25 cm Bl: 30   IV   IV–V   H: 90 cm Bl: 90   V–VI   II

Pachysandra terminalis

Ysander
Buxaceae, Buchsbaumgewächse

Heimat: Japan.
Wuchsform: Flach, Triebe aufstrebend, gelbgrün, verholzend. Bildet unterirdische Ausläufer.
Blatt: Rhombisch, grob gezähnt, 5–6 cm lang, gelbgrün, immergrün.
Blüte: Unscheinbar, über dem Laub, weißlich, IV.
Verwendung: In größeren Mengen als dichter Bodendecker in nicht zu schweren Böden. Blattschmuck. 11–25 Pfl./m².
Vermehrung: Teilung, Stecklinge, Wurzelschnittlinge im Winterhalbjahr.
Sorten: 'Green Carpet' (Bild), 15 cm; 'Variegata', weißgrünes Laub.
Hinweis: Enthält Alkaloide.
Pflege: Keine Pflegemaßnahmen notwendig.

Polygonatum × hybridum 'Weihenstephan'

Garten-Salomonssiegel
Convallariaceae, Maiglöckchengewächse

Heimat: Züchtungen aus *P. multiflorum × P. odoratum.*
Wuchsform: Aufrecht bis übergebogen, rhizombildend.
Blatt: Elliptisch, ganzrandig, grün, im Herbst gelb, zieht dann ein.
Blüte: Röhrenförmig, aus den Blattachseln entspringend, hängend, weiß, V–VI.
Fruchtstand/Frucht: Kugelige Beere, blau.
Verwendung: Einzeln unter höheren Bäumen zwischen Bodendeckern. 4–6 Pfl./m².
Vermehrung: Teilung der Rhizome.
Pflege: Vor Schnecken schützen, sonst keine Pflege notwendig.

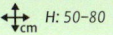 H: 50–80   –   I   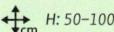 H: 50–100   –   I

Polystichum aculeatum

Dorniger Schildfarn
Dryopteridaceae, Wurmfarngewächse

Heimat: Europa, Asien.
Wuchsform: Bogig ausladend, horstig.
Blatt: 2- bis 3-fach gefiedert, 20 cm breit, lanzettlich, glänzend grün, wintergrün. Wedel bilden einen Trichter. Sori unterseits, 2-reihig.
Verwendung: In humosen Böden zwischen immergrünen Gehölzen. 3–6 Pfl./m².
Vermehrung: Durch Sporen, diese reifen von VII–IX.
Ähnliche Art: *P. lonchitis*, Lanzenfarn, steif, 60 cm hoch.
Hinweis: Wichtiger heimischer Freilandfarn.
Pflege: Rückschnitt im Frühjahr vor dem Neuaustrieb. Auf feuchten Standort achten!

Polystichum setiferum

Weicher Schildfarn
Dryopteridaceae, Wurmfarngewächse

Heimat: Europa.
Wuchsform: Bogig ausladend, horstig.
Blatt: 2-fach gefiedert, 20 cm breit, schmallanzettlich, mattgrün, wintergrün. Unterseits dicht mit braunen Streuschuppen bedeckt. Wedel bilden einen Trichter, Sori klein, unterseits 2-reihig.
Verwendung: In humosen Böden zwischen Gehölzen. 1–3 Pfl./m².
Vermehrung: Durch Sporen, diese reifen von VII–VIII.
Sorte: 'Proliferum', Schmaler Filigranfarn, Wedel 3-fach gefiedert, Brutknospen in den Fiederachseln (Bild).
Pflege: Rückschnitt im Frühjahr vor dem Neuaustrieb. Auf feuchten Standort achten! Winterschutz notwendig.

 H: 10–15 cm Bl: 20   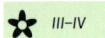 III–IV   III   H: 20 cm Bl: 30   V–IX   I–II

Primula elatior

Hohe Schlüsselblume
Primulaceae, Schlüsselblumengewächse

Heimat: Europa bis Zentralasien.
Wuchsform: Aufrecht, lockerhorstig.
Blatt: Eiförmig, gekerbt, grün.
Blüte: Trichterblüten in Doldentrauben, hellgelb, III–IV.
Frucht: Kugelige Kapsel in bleichen Hüllblättern.
Verwendung: Wildstaudenbereiche unter spät austreibenden Laubgehölzen. Schnittpflanze. Heilpflanze. 11–25 Pfl./m².
Vermehrung: Teilung, Aussaat im Vorfrühling.
Sorten: Zahlreiche Sorten wurden gezüchtet. Sie halten sich nur kurz im Garten.
Pflege: Benötigt keine Pflege, am besten ungestört wachsen lassen.

Pseudofumaria lutea

Gelber Scheinlerchensporn
Fumariaceae, Erdrauchgewächse

Heimat: S-Alpen bis zum Mittelmeer.
Wuchsform: Buschig, lockerhorstig, zierlich mit gelbfleischigen Trieben.
Blatt: 3-fach gefiedert, wechselständig, hellgrün, wintergrün.
Blüte: Lippenförmig, in Trauben über dem Laub, gelb, V–IX.
Frucht: Nickende Frucht. Schwarze Samen werden bei der Reife ausgeschleudert und durch Ameisen verbreitet.
Verwendung: Trockenmauern, Steingärten und pflegearme Standorte. 11–16 Pfl./m².
Vermehrung: Aussaat.
Hinweis: Herrlicher Dauerblüher.
Pflege: Rückschnitt nach der Blüte oder vor dem Austrieb im Frühling etwa eine Handbreit über dem Boden.

 H: 5
cm Bl: 10

 V–VI

 II

 H: 70
cm Bl: 100

 VI–VII

 I

Ramonda myconi

Felsenteller
Gesneriaceae, Gesneriengewächse

Heimat: Pyrenäen.
Wuchsform: Rosettenartig, horstig.
Blatt: Eiförmig, runzelig, unterseits dichtfilzig behaart, immergrün.
Blüte: 5-teilig, 1- bis 7-blütige Doldentraube hell violettblau, V–VI.
Frucht: Kleine Kapsel.
Verwendung: Steingärten, aber nur auf der Schattenseite der Kalkfelsen. 11–16 Pfl./m².
Vermehrung: Aussaat im Vorfrühling, ferner durch Teilung und Blattstecklinge.
Hinweis: Ziert Felswände auch ohne Blüte durch die 20 cm breite Rosette. Selbstaussaat.
Pflege: Genügsame Pflanze, die keine Pflege braucht.

Rodgersia aesculifolia

Kastanienblättriges Schaublatt
Saxifragaceae, Steinbrechgewächse

Heimat: Zentralchina.
Wuchsform: Aufrecht, horstig, kurze Rhizome bildend.
Blatt: Bis 50 cm groß, im Umriss rund, aber 5- bis 7-teilig, ähnlich der Rosskastanie.
Blüte: Kleine Blütchen in dichter Rispe über dem Laub, weiß, VI–VII.
Frucht: Kleine Kapseln.
Verwendung: Einzeln zu Rhododendron und in Gesellschaft von Farnen. Blattschmuck. 1 Pfl./m².
Vermehrung: Teilung und Aussaat im Vorfrühling.
Ähnliche Art: *R. podophylla*, Japan, zackigere, glänzende Blätter.
Hinweis: Mächtige Blattschmuckstaude.
Pflege: Während des Wachstums regelmäßig düngen, Rückschnitt im Frühjahr vor dem Neuaustrieb.

 H: 10 cm   Bl: 30   V–VI   I–II   H: 10 cm   Bl: 20   V–VI   III–IV

Saxifraga umbrosa

Porzellanblümchen
Saxifragaceae, Steinbrechgewächse

Heimat: Pyrenäen.
Wuchsform: Rosettenartig, Nebenrosetten an kurzen Stolonen.
Blatt: Eiförmig, gekerbt, immergrün.
Blüte: Weiß mit roten Punkten an lockern Blütenrispen, V–VI.
Frucht: 2-fächrige Kapsel.
Verwendung: Als Bodendecker oder Einfassung für Schattenpartien. Reich blühend. 11–16 Pfl./m².
Vermehrung: Teilung der Polster.
Weitere Art: In den Gärten ist meist S. × urbium verbreitet, anspruchsloser, reicher blühend.
Sorte: 'Clarence Elliot', rosa, 20 cm, für Gräber und Steingärten.
Pflege: Genügsame Pflanze, die keine Pflege braucht.

Tiarella cordifolia

Schaumblüte
Saxifragaceae, Steinbrechgewächse

Heimat: Östliches N-Amerika.
Wuchsform: Flächig, kriechend, teilweise wurzelnd.
Blatt: Herzförmig, 5- bis 7-teilig gelappt, grün, behaart, braunrotes Herbstlaub.
Blüte: In aufrechten Trauben über dem Laub, Einzelblüte sternförmig, weiß, V–VI.
Frucht: 2-klappige Kapseln.
Verwendung: Als Flächendecker unter *Rhododendron* und Gehölzen mit ähnlichen Ansprüchen. 16 Pfl./m².
Vermehrung: Teilung im Vorfrühling.
Sorten: 'Moorgrün', grün; 'Purpurea', Laub violett.
Ähnliche Art: *T. wherryi*, ohne Ausläufer, Laub braun gefleckt.
Pflege: Keine Pflegemaßnahmen notwendig.

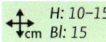 H: 10–15 cm Bl: 15   IV–V   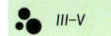 III–V   H: 10 cm Bl: 15   IV–V   III–V

Vinca minor

Kleines Immergrün
Apocynaceae, Hundsgiftgewächse

Heimat: Europa, Kaukasus.
Wuchsform: Niederliegend, kriechend, am Grunde verholzend.
Blatt: Breit-lanzettlich, glänzend grün, gegenständig, immergrün, 3–4 cm lang.
Blüte: Mit trichterförmiger Röhre, hellblau, IV–V.
Frucht: Früchte werden nicht ausgebildet.
Verwendung: Als dichter, strapazierbarer Bodendecker, auch für trockenere Lagen. Grabstätten. Heilpflanze. 16 Pfl./m².
Vermehrung: Teilung im Frühling.
Sorten: 'Alba', weiß; 'Atropurpurea', rot; 'Bowles', dunkelblau, 'Gertrude Jekyll', weiß.
Pflege: Genügsame Pflanze, die keine Pflege braucht.

Waldsteinia ternata

Dreiblättrige Waldsteinie
Rosaceae, Rosengewächse

Heimat: Karpaten, Sibirien bis Sachalin, Japan.
Wuchsform: Flach ausgebreitet, kriechend, teils wurzelnd.
Blatt: 3-teilig, tief gezähnt, glänzend dunkelgrün, wintergrün.
Blüte: Schalenblüte 2 cm groß, in lockeren Trugdolden, goldgelb, IV–V.
Frucht: Sammelfrucht, selten.
Verwendung: Als Teppichbildner für größere Flächen ideal. Auch für Grabstätten. 16 Pfl./m².
Vermehrung: Teilung im Vorfrühling.
Hinweis: Kann unter starker Wintersonneneinstrahlung leiden.
Pflege: Keine Pflegemaßnahmen notwendig.

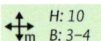 H: 10 B: 3–4 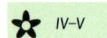 IV–V 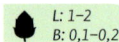 L: 1–2 B: 0,1–0,2

 H: 40 B: 8 IV L: 0,5 B: 0,4

Abies koreana

Koreanische Tanne, Korea-Tanne
Pinaceae, Kieferngewächse

Heimat: Korea.
Wuchs: Schwach, pyramidenförmig. Borke grau, rau.
Blatt: Nadeln dunkelgrün, bürstenförmig angeordnet, 1–2 cm lang.
Blüte: Einhäusig. Unscheinbar, ♂ gelb, ♀ violett; IV–V.
Frucht: Viele aufrechte Zapfen, in der Jugend violett, 5–7 cm.
Verwendung: Einzelstellung, für kleinere Gärten.
Sorte: 'Horstmanns Silberlocke', unterseits silbrige Nadeln.
Hinweis: Als Veredlung schwächer wachsend, trägt aber früher Zapfen.
Pflege: Keine Pflegemaßnahmen notwendig, entwickelt sich von selbst schön gleichmäßig.

Chamaecyparis obtusa

Feuer-, Hinoki-Scheinzypresse
Cupressaceae, Zypressengewächse

Heimat: Japan, Taiwan.
Wuchs: Hoher, breit kegelförmiger Baum, Äste abstehend. Borke rotbraun, gefurcht.
Blatt: Schuppig, dunkelgrün, vorne einwärts gekrümmt.
Blüte: Einhäusig. Unscheinbar, gelbgrün, IV.
Frucht: Zapfen kugelig, 1 cm.
Verwendung: Halbschatten in Einzelstellung.
Sorte: 'Nana Gracilis', Muschel-Scheinzypresse, 2 m, kegelförmig (Bild).
Hinweis: Muschelförmige Triebe, langsamer Wuchs.
Pflege: Bei geschütztem Pflanzplatz braucht die Pflanze keine weitere Pflege.

| 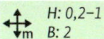 H: 0,2–1 B: 2 | VI | 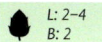 L: 2–4 B: 2 | 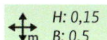 H: 0,15 B: 0,5 | VI–VIII | 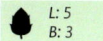 L: 5 B: 3 |

Euonymus fortunei

Kletternder Spindelstrauch
Celastraceae, Spindelbaumgewächse

Heimat: China, Japan.
Wuchs: Kriechender oder kletternder Strauch mit Haftwurzeln, Triebe grün.
Blatt: Gegenständig, eiförmig elliptisch, 2–6 cm lang, dunkelgrün, immergrün.
Blüte: Grünlich weiß, 5 mm, unauffällig, in dichten Trugdolden; VI.
Frucht: Kapsel weiß, innen orange, nur bei wenigen Sorten zu finden. Giftig.
Verwendung: Als Flächendecker und schwach wachsender Kletterer unter Gehölzen.
Sorten: 'Coloratus', rotes Herbstlaub; 'Emerald'n Gold', Blätter goldgelb gerandet; 'Vegetus', breitbuschig, dunkelgrüne Blätter, fruchtet reichlich (Bild).
Hinweis: Vielseitig verwendbare Sorten.
Pflege: Schnittmaßnahmen nicht notwendig, werden aber bei Bedarf gut vertragen.

Gaultheria procumbens

Niederliegende Scheinbeere, Rebhuhnbeere
Ericaceae, Heidekrautgewächse

Heimat: Östliches Nordamerika.
Wuchs: Niederliegender Zwergstrauch, bis 15 cm hoch, unterirdische Ausläufer.
Blatt: Ledrig, Eiförmig elliptisch, bis 5 cm lang, immergrün, im Herbst rötlich.
Blüte: Hellrosa Blütenglöckchen, einzeln an den Triebenden, 4–7 mm; VI–VIII.
Frucht: Leuchtend rote Kapsel, 6–8 mm, lange haftend.
Verwendung: Prächtiger Bodendecker für Heide- und Steingärten, Grab, Moorbeet.
Weitere Art: *G. shallon*, 80 cm, breites Laub, als Bindegrün unter 'Salal' bekannt.
Hinweis: Dichter Wuchs in kalkfreien Böden.
Pflege: Auf richtigen Standort achten, dann keine Pflege notwendig.

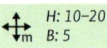 **H:** 10–20 **B:** 5   IX–X   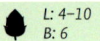 **L:** 4–10 **B:** 6

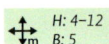 **H:** 4–12 **B:** 5   V–VI   **L:** 10 **B:** 4

Hedera helix

Gewöhnlicher Efeu
Araliaceae, Araliengewächse

Heimat: Europa, Mittelmeergebiete bis zum Kaukasus.
Wuchs: Immergrüner Bodendecker und starker Kletterer. Haftwurzeln.
Blatt: Variabel, dunkelgrün, 3- bis 5-lappig, im Alter eiförmig zugespitzt, 4–10 cm lang.
Blüte: Gelbgrün, in Dolden im Herbst an älteren Trieben; IX–X.
Frucht: Kugelige, beerenartige Steinfrüchte, schwarz, giftig, reifen im Frühling.
Verwendung: Sehr guter Bodendecker, zur Begrünung von vertikalen Flächen aller Art.
Sorten: Rund 500 Sorten, z. B. 'Goldherz' (Bild), grün, gelbe Mitte; 'Wingertsberg', grün, im Winter rötlich.
Hinweis: Wichtige Pflanze für Gräber.
Pflege: Robuste Pflanze, die keine Pflege braucht.

Ilex aquifolium

Gewöhnliche Stechpalme
Aquifoliaceae, Stechpalmengewächse

Heimat: Nordafrika, Europa bis China.
Wuchs: Breiter Strauch bis Kleinbaum, 10–12 m hoch, breitbuschig bis aufrecht. Borke hellgrau, glatt, jüngere Triebe grün mit wechselständigen Knospen.
Blatt: Immergrün, eiförmig bis lanzettlich, derb ledrig, am Rand gezähnt, bis 10 cm.
Blüte: 2-häusig, kleine, weiße Blüten in den Blattachseln, in Büscheln; V–VI.
Frucht: Steinfrüchte rot, kugelig, 1 cm groß, giftig!
Verwendung: Einzeln oder als Hecke in Gärten.
Sorten: 'Alaska', 3–4 m; 'I. C. van Tol', fast stachelloses Laub, 5 m.
Hinweis: Im Winter Schutz vor Sonne und Wind, auf Blatt-Minierfliege achten.
Pflege: In den ersten Jahren in offenen Lagen Winterschutz geben.

| H: 2–3 B: 1,5 | V–VI | L: 2–3 B: 2 |
| H: 5 B: 3 | VI–VII | L: 8 B: 3 |

Ilex crenata

Japanische Stechpalme
Aquifoliaceae, Stechpalmengewächse

Heimat: Japan.
Wuchs: Immergrüner Busch, 2–3 m hoch, breit
wachsend.
Blatt: Elliptisch bis länglich lanzettlich, 2–3 cm
lang, Blattbasis keilig, dunkelgrün.
Blüte: Weiß, vierzählig, zweihäusig, weibliche
Blüten in kleinen Büscheln; V–VI.
Frucht: Glänzend schwarze, kugelige Stein-
frucht, 6 mm groß.
Verwendung: Einzeln, auch als kleine Hecke im
Garten und Park.
Sorten: 'Convexa', gebogene Blättchen; 'Stokes',
niedrig.
Hinweis: Geschützte, luftfeuchte Lagen.
Pflege: Sehr schnittverträglich, bevorzugt ge-
schützte und luftfeuchte Lagen.

Ligustrum vulgare

Gewöhnlicher Liguster, Rainweide
Oleaceae, Ölbaumgewächse

Heimat: Nordafrika, von Europa bis Kleinasien.
Wuchs: Hoher, reich verzweigter Strauch, graue
Triebe, viele Lentizellen.
Blatt: Gegenständig, glänzend dunkelgrün,
eiförmig lanzettlich, bis 8 cm lang.
Blüte: Weiße, duftende Röhrenblüten in dichten
Rispen, Einzelblüte 4-zipfelig, 6 mm breit; VI–VII.
Frucht: Beerenfrüchte kugelig, schwarz, 8 mm
groß, giftig.
Verwendung: Hervorragende Heckenpflanze,
für Böschungen und Feldhecken.
Sorten: 'Atrovirens', größere Blätter, wintergrün;
'Lodense', 50 cm hoch, für Dächer und Einfas-
sungen, kleine Blätter im Herbst bronzebraun.
Hinweis: Besonders anspruchsloser Bodenfes-
tiger.
Pflege: Sehr schnittverträglich.

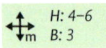 H: 4–6 B: 3   VI–VII   L: 4–9 B: 3–4

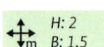 H: 2 B: 1,5   II–V   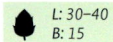 L: 30–40 B: 15

Lonicera henryi

Henrys Geißblatt, Immergrünes Geißblatt
Caprifoliaceae, Geißblattgewächse

Heimat: West-China.
Wuchs: Stark wachsender Schlinger, Zweige hohl, behaart.
Blatt: Immergrün, gegenständig, länglich lanzettlich zugespitzt, 4–9 cm lang.
Blüte: Trübrot, paarig angeordnet, 2 cm lang, röhrig 2–lippig; VI–VII.
Frucht: Schwarze, blau bereifte Beere, 6 mm groß, giftig.
Verwendung: Lauben, Pergolen, Zäune, für ganzjährigen Sichtschutz.
Pflege: Verblühte Triebe um 1/3 einkürzen, Gerüst aus älteren Trieben erhalten.

Mahonia bealei

Beals Mahonie
Berberidaceae, Berberitzengewächse

Heimat: China.
Wuchs: Dicktriebiger, 2 m hoher Strauch, sparrig, wenig verzweigt.
Blatt: 30–40 cm lang, unpaarig gefiedert, 9–15 Einzelblättchen, 5–12 cm lang, am Rand mit 5 dornartigen Zähnen, unterseits gelblich, immergrün.
Blüte: Zartgelb, duftend, 1 cm groß, in langen, meist hängenden Trauben; II–V.
Frucht: Bläulich schwarze, bereifte, längliche Beeren, 1 cm.
Verwendung: Einzeln oder in Gruppen unter Bäumen, gut zu Rhododendren.
Weitere Art: *M. japonica,* Japan, schmalere und spitzigere Einzelblättchen.
Hinweis: Empfindlich gegen Barfröste.
Pflege: Kein Schnitt notwendig, wird aber bei Bedarf gut vertragen.

Gehölze 103

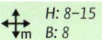 H: 8–15
B: 8
m

 VI–VII

 L: 8–15
B: 8–15

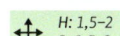 H: 1,5–2
B: 1,5–2
m

 IV–V

 L: 3–8
B: 1–3

Parthenocissus tricuspidata

Dreilappige Jungfernrebe
Vitaceae, Weinrebengewächse

Heimat: Japan, Korea, China.
Wuchs: Stark wachsender Selbstklimmer mit Haftscheiben.
Blatt: Lang gestielt, 3-spitzig, 10–20 cm, glänzend grün, im Herbst scharlachrot. Die dachziegelartige Überlappung der Blätter bildet einen dichten Pelz.
Blüte: Gelblich grün, unscheinbar, in Trugdolden, achselständig, zwittrig; VI–VII.
Frucht: Blauschwarze Beere, 5–8 mm groß.
Verwendung: Für Pergolen, Mauern aller Art, rasch kletternd, auch ohne Gerüst.
Sorte: 'Veitchii', wichtigste Sorte, wird auf *P. quinquefolia* veredelt.
Pflege: Schnittmaßnahmen nicht notwendig, werden aber bei Bedarf gut vertragen.

Pieris floribunda

Vielblütige Lavendelheide
Ericaceae, Heidekrautgewächse

Heimat: Östliche USA.
Wuchs: Immergrüner, dichtbuschiger Strauch, dicht verzweigt. Ältere Pflanzen haben einen lockeren Habitus. Langsam wachsend.
Blatt: Elliptisch, zugespitzt, 3–8 cm lang, unterseits bräunlich.
Blüte: Weiß, krugförmig an aufrechten Rispen, 6–12 cm lang; IV–V.
Frucht: Runde Kapseln, 5–6 mm lang.
Verwendung: Einzeln im Moorbeet, gut zu Rhododendren, auch unter Bäumen.
Pflege: Auf den richtigen Standort achten, dann problemlos.

↔ H: 2–3 ↕ B: 2–3	✳ III–V	🍃 L: 3–8 B: 1–3	

↔ H: 1,5–2 ↕ B: 2–3	✳ iV–V, IX	🍃 L: 5–12 B: 2–5	

Pieris japonica

Japanische Lavendelheide
Ericaceae, Heidekrautgewächse

Heimat: Japan.
Wuchs: Immergrüner, breiter Busch, unregelmäßige Aststellung.
Blatt: Länglich lanzettlich, glänzend, 3–8 cm lang, zugespitzt, wechselständig. An den Triebenden gehäuft, Austrieb rosa bis kupferrot.
Blüte: Im Herbst vorgebildet, hängende Blütenrispen 12–15 cm lang, Einzelblüte eiförmig, weiß oder rosa, 1 cm groß; III–V.
Frucht: Braune Kapselfrucht, 5–6 mm groß, enhält viele feine Samen.
Verwendung: Frühlingsecke im Moorbeet, zu Rhododendren. Nicht für Kinderspielplätze.
Sorten: 'Daisen', rosa; 'Forest Flame', Austrieb rot (Bild).
Hinweis: Ganze Pflanze ist giftig!
Pflege: Auf richtigen Standort achten, dann keine Pflege notwendig.

Prunus laurocerasus

Lorbeer-Kirsche, Kirschlorbeer
Rosaceae, Rosengewächse

Heimat: Ost-Balkan, Vorderasien, Kaukasus.
Wuchs: Immergrüner, breiter Strauch, Rinde grau.
Blatt: Wechselständig, breit lanzettlich, zugespitzt, derb ledrig, glatt, bis 12 cm lang.
Blüte: Weiß, 5-zählig, über 1 cm groß, duftend, in aufrechten, bis 12 cm langen Blütentrauben. Nachblüte im Herbst; IV–V, IX.
Frucht: Kugelige Steinfrüchte, 8 cm groß, schwarzrot, blausäurehaltiger, giftiger Kern.
Verwendung: Gruppenweise oder als Hecken, wichtig für die Kranzbinderei.
Sorten: 'Mischeana' und 'Zabeliana', breit wachsend, 1–1,5 m hoch, 3–4 m breit; 'Otto Luyken', aufrecht, 0,8–1,5 m hoch, 2–4 m breit, schmales Laub (Bild).
Pflege: In den Wintermonaten vor Sonne und Wind schützen, Schnitt nicht nötig, wird aber gut vertragen.

 H: 2–4
B: 1 m
 VI
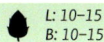 L: 10–15
B: 10–15

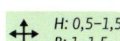 H: 0,5–1,5
B: 1–1,5 m
 IV–V
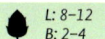 L: 8–12
B: 2–4

Rubus henryi

Kletter-Himbeere
Rosaceae, Rosengewächse

Heimat: Zentral-China.
Wuchs: Bis 2–4 m hoch kletternder Spreizklimmer; dünne, filzige Triebe bestachelt.
Blatt: Tief 3-lappig, 10–15 cm lang, glänzend, immergrün, unterseits weißfilzig.
Blüte: Rosa bis Rot, 2 cm breit, end- oder achselständig, drüsig behaart, in Trauben, nicht sehr zahlreich; VI.
Frucht: Schwarz, glänzend, 10–15 mm dick.
Verwendung: Begrünung von Bäumen, an Pergolen und Klettergerüsten.
Hinweis: Auffälliger Blattschmuck.
Pflege: Schnittmaßnahmen nicht notwendig, werden aber bei Bedarf gut vertragen.

Skimmia japonica

Japanische Skimmie
Rutaceae, Rautengewächse

Heimat: Japan.
Wuchs: Breiter, immergrüner Kleinstrauch.
Blatt: Elliptisch, 8–12 cm lang, hellgrün, lederartig verdickt, wechselständig.
Blüte: 2-häusig, 2–8 mm, weiß, in 5–10 cm langen Rispen am Triebende; IV–V.
Frucht: Kugelige, längliche, 8 mm lange Steinfrüchte, leuchtend rot.
Verwendung: Einzeln, im Moorbeet zu Rhododendren.
Sorte: 'Rubella', männliche Form, daher keine Früchte, aber reiche Blüte.
Hinweis: Versagt in Kalkböden.
Pflege: Bei strengem Frost durch Reisig oder Ähnliches schützen.

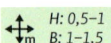 H: 0,5–1
B: 1–1,5 m

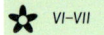 VI–VII

 L: 1–3
B: 0,6–2

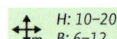 H: 10–20
B: 6–12 m

 III

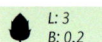 L: 3
B: 0,2

Symphoricarpos × chenaultii 'Hancock'

Bastard-Korallenbeere
Caprifoliaceae, Geißblattgewächse

Heimat: Züchtung aus S. *microphyllus* × S. *orbiculatus.*
Wuchs: Dichtbuschig verzweigter, vieltriebiger Kleinstrauch, niederliegend, breiter. Bildet unruhige, begehbare Flächen.
Blatt: Eirund, unterseits bläulich grün, 1–3 cm lang, gegenständig.
Blüte: Rosa trichterförmige Glöckchen in kurzen, endständigen Ähren; VI–VII.
Frucht: Rote, kugelige Steinfrucht, giftig!
Verwendung: Als Flächendecker für öffentliche Anlagen in der Stadt.
Hinweis: Bewurzelung der bodennahen Triebe.
Pflege: Schnittmaßnahmen nicht notwendig, werden aber gut vertragen, auch starker Rückschnitt.

Taxus baccata

Gewöhnliche Eibe
Taxaceae, Eibengewächse

Heimat: Nordafrika, Europa bis Vorderasien.
Wuchs: Großstrauch bis baumförmig, erst kegelförmige, später breitrunde Krone. Borke rotbraun, abfasernd.
Blatt: Nadeln dunkelgrün, flach, 1–3,5 cm lang, unterseits hellgrün.
Blüte: Zweihäusig, männliche Blüten gelblich, weibliche Blüten grün, unscheinbar; III.
Frucht: Grüne Samen sind von ungiftigem roten Samenmantel (Arillus) umschlossen, 1 cm.
Verwendung: Einzeln oder in Gruppen in Parks und Gärten, auch als Schnitthecke.
Sorten: 'Fastigiata', Säulen-Eibe, 3–5 m; 'Repandens', Kissen-Eibe, 50 cm, 2 m breit.
Hinweis: Nie an Kinderspielplätzen verwenden, ganze Pflanze ist stark giftig!
Pflege: Gut schnittverträglich.

⬍ H: 20 m B: 5	✴ IV–V	◆ L: 0,5 B: 0,5	

⬍ H: 0,2–0,3 m B: 0,3–0,5	✴ V–VI	◆ L: 1–2,5 B: 0,5–1,5	

Thuja occidentalis

Abendländischer Lebensbaum
Cupressaceae, Zypressengewächse

Heimat: Nordamerika.
Wuchs: Baum mit kegelförmiger Krone, Gipfeltriebe immer aufrecht stehend. Borke braunrot, längsrissig, löst sich in dünnen Streifen ab.
Blatt: Schuppenblätter mattgrün, im Winter bräunlich, Duft aromatisch.
Blüte: Einhäusig, Blüten unscheinbar; IV–V.
Frucht: Längliche Zapfenfrüchte, 8–12 mm lang, hellbraun.
Verwendung: Hohe Schnitthecken, Einzelstellung in Gärten und Parks. Nicht für Kinderspielplätze, da ganze Pflanze giftig!
Sorte: 'Smaragd', frischgrün und säulenförmig, ideale Heckenpflanze.
Hinweis: Auf Pilzkrankheiten achten.
Pflege: Nicht ins alte Holz zurückschneiden, sonst sehr schnittverträglich.

Vaccinium vitis-idaea

Kronsbeere, Preiselbeere
Ericaceae, Heidekrautgewächse

Heimat: Europa, Asien, Amerika.
Wuchs: Immergrüner Zwergstrauch, unterirdische Ausläufer bildend.
Blatt: Eiförmig, glänzend grün, lederartig, 1–2,5 cm lang, wechselständig, immergrün.
Blüte: Weiße Glöckchen in hängenden Trauben, 1 cm groß; V–VI.
Frucht: Rot glänzende, kugelige Beere, 6–8 mm, säuerlich, essbar.
Verwendung: Bodendecker und Fruchtstrauch im Moorbeet. Früchte für Marmelade.
Sorten/Arten: 'Koralle', größere Beeren als die Art. *V. corymbosum*, Kulturheidelbeere, mit blauen Beeren, über 1 m hoch, sommergrün. *V. myrtillus*, heimische Heidelbeere, blaue Früchte.
Pflege: Triebspitzen nach der Ernte entfernen.

Steine, Sand und Mauerritzen

Einige Pflanzen leben gerne in der Gesellschaft von Steinen. Diese speichern Wärme und geben sie dann langsam wieder an die Umgebung ab. Die meisten der dort lebenden Gewächse bevorzugen trockene Böden und viel Sonne. Es gibt jedoch auch einige unter ihnen, die auf feuchteren Böden und an schattigen Plätzen gut gedeihen.

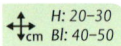 *H: 20–30 cm Bl: 40–50* 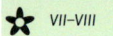 VII–VIII I

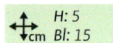 *H: 5 cm Bl: 15* VI–VII II

Acantholimon glumaceum

Igelpolster
Plumbaginaceae, Bleiwurzgewächse

Heimat: Armenien, Nordiran, Kaukasus.
Wuchsform: Grünes Polster mit schmalblättrigen Rosetten, wenig stechend, 20–30 cm hoch, aber viel breiter werdend.
Blatt: Schmal, grasartig, in Rosetten, grünlich.
Blüte: In Scheinähren über dem Polster, Schaft samthaarig, rosa, VI–VII.
Fruchtstand/Frucht: Blütenkelche pergamentartig, lange zierend.
Verwendung: Einzeln für größere, sonnige Steingärten, Felssteppen. 1–4 Pfl./m².
Vermehrung: Stecklinge und Abrisslinge im Sommer und Samen (schwierige Methode!).
Hinweis: Im Frühling pflanzen. Winterschutz.
Pflege: Trockene Pflanzstelle mit gutem Wasserabzug wählen.

Achillea tomentosa

Teppich-Garbe
Asteraceae, Asterngewächse

Heimat: SW-Europa bis W-Asien.
Wuchsform: Mattenartig bis polsterbildend.
Blatt: Wechselständig, graufilzig, fiederschnittig, 3- bis 7-teilig.
Blüte: In lockeren Trugdolden; goldgelb, VI–VII.
Fruchtstand/Frucht: Trugdolde, Frucht unscheinbar, Samen klein.
Verwendung: Sonnige Steingärten, Schotterflächen, Tröge. 11–25 Pfl./m².
Vermehrung: Teilung im Frühling.
Pflege: Alle 2 Jahre teilen, sonst vergreist die Pflanze.

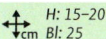 H: 15–20 cm Bl: 25 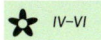 IV–VI II

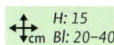 H: 15 cm Bl: 20–40 VI–VIII II

Aethionema grandiflorum

Steintäschel
Brassicaceae, Kohlgewächse

Heimat: Anatolien bis Iran.
Wuchsform: Breitbuschiger Halbstrauch, vieltriebig.
Blatt: Wechselständig, länglich-linealisch, blaubereift, 2–3 cm lang, wintergrün.
Blüte: Kreuzblütchen in endständigen Trauben; hellrosa; IV–VI.
Frucht: Schötchen.
Verwendung: Steingarten, Trockenmauern, Felssteppe, sonnig, Trog. 11–25 Pfl./m².
Vermehrung: Durch Samen.
Ähnliche Art: *A. armenum* 'Warley Rose', 15 cm, rosa, Stecklingsvermehrung.
Hinweis: Nur mit Topfballen pflanzen.
Pflege: An geeignetem Standort keine zusätzliche Pflege notwendig.

Allium flavum

Schwefel-Lauch, Gelber Hänge-Lauch
Alliaceae, Lauchgewächse

Heimat: Mittelmeergebiete bis W-Asien.
Wuchsform: Eintriebige Zwiebelpflanze.
Blatt: Bogig überhängend, schmal, hechtblau.
Blüte: Zusammengesetzte Dolde, hängende, endständigen Einzelblüten, gelb, VI–VIII.
Fruchtstand: Zusammengesetzte Dolde, auffällige Tragblätter.
Verwendung: Magere, sonnige Plätze, auch für Dachgärten. Bienenweide. 25 Pfl./m².
Vermehrung: Aussaat, Brutzwiebeln.
Unterart: *A. flavium* var. *minus*, ähnlich, aber nur 10 cm hoch.
Pflege: Verdorrtes Laub kann vorsichtig entfernt werden.

 H: 8 cm
Bl: 15
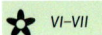 VI–VII
 II
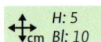 H: 5 cm
Bl: 10
 V–VII
 III

Allium oreophilum

Rosen-Lauch
Alliaceae, Lauchgewächse

Heimat: O-Türkei, Kaukasus.
Wuchsform: Eintriebige Zwiebelpflanze.
Blatt: 2–3 cm breit, graugrün.
Blüte: In lockerer, zusammengesetzter Dolde, leuchtend rosa, VI–VII.
Fruchtstand: Zusammengesetzte Dolde, Stiele 15 cm lang.
Verwendung: Sonnige Steingärten, Freiflächen. 45 Pfl./m².
Vermehrung: Aussaat, Brutzwiebeln.
Sorte: 'Zwanenburg', dunkelrosa.
Pflege: Verdorrtes Laub kann vorsichtig entfernt werden.

Antennaria dioica

Katzenpfötchen
Asteraceae, Asterngewächse

Heimat: Eurasien: nördliche, subarktische Zone.
Wuchsform: Über dem Boden kriechend, Matten bildend.
Blatt: Spatelförmige Rosettenblätter, graufilzig.
Blüte: Zweihäusig. In Köpfchen, Blütenstängel beblättert, weiß bis rosa, V–VII.
Frucht: Kleine Samen mit Haarkranz.
Verwendung: Mattenbildner auf kalkarmen, leichten Böden in sonniger Lage. 25 Pfl./m².
Vermehrung: Teilung im Frühling, Aussaat.
Sorte: 'Rubra', rot, besonders wertvolle Sorte.
Pflege: Genügsame Pflanze, die keine Pflege braucht.

 H: 10 cm Bl: 15   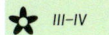 III–IV   II

 H: 10 cm Bl: 25   V–VI   II

Arabis caucasica

Gänsekresse
Brassicaceae, Kohlgewächse

Heimat: SO-Europa bis Mittelasien
Wuchsform: Polsterbildend, rasig, flach.
Blatt: Spatelig, 6–8 cm lang, graugrün.
Blüte: Große Blütentraube, weiß, manche Sorten auch rosa, III–IV.
Frucht: Schötchen, 3–4 cm lang.
Verwendung: Sonnige bis halbschattige Steingärten, Mauerkronen, in Fugen der Trockenmauern, Einfassungen. Bienenweide. 11–25 Pfl./m².
Vermehrung: Aussaat im Frühling, Stecklinge der Rosetten im Winter möglich.
Sorte: 'Plena', weiß gefüllt (Bild), Schnittpflanze.
Pflege: Anspruchslos.

Armeria maritima

Grasnelke
Plumbaginaceae, Bleiwurzgewächse

Heimat: Europa: Zirkumpolar.
Wuchsform: Polster mit langer Pfahlwurzel.
Blatt: Grasartig, bis 5 cm lang, dunkelgrün, wintergrün.
Blüte: Blütenköpfchen langstielig, rosa, V–VI.
Fruchtstand: Mit trockenhäutigem Hochblatt.
Verwendung: Flächig, in kleinen Tuffs, sonnige Steingärten, Dachgärten. 25–45 Pfl./m².
Vermehrung: Aussaat im Frühling, Abrisslinge mit Wurzelansatz nach der Blüte.
Sorten: 'Alba', weiß; 'Düsseldorfer Stolz', rot (Bild); 'Vesuv', Laub dunkel, im Winter fast schwarz, Blüte rot.
Hinweis: Toleriert Salzböden.
Pflege: Genügsame Pflanze, die keine Pflege braucht.

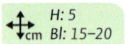   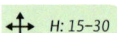

| H: 5 cm Bl: 15–20 | V–VI | II |
| H: 15–30 cm | V–VI | II |

Aster alpinus

Alpen-Aster
Asteraceae, Asterngewächse

Heimat: Alpen bis Sibirien, Pyrenäen.
Wuchsform: Lockerhorstig, polsterbildend.
Blatt: Spatelig, 6–8 cm lang, ganzrandig.
Blüte: Hellviolett mit gelber Scheibe, V–VI.
Fruchtstand/Frucht: Körbchen; Samen mit Pappus.
Verwendung: In kleinen Gruppen oder als Matte im sonnigen Steingarten. Schalenbepflanzung. 16–45 Pfl./m².
Vermehrung: Teilung nach der Blüte, Aussaat.
Sorten: 'Albus', weiß; 'Dunkle Schöne', dunkel-violett.
Pflege: Wurzelhals immer wieder mit Erde bedecken. Anspruchslos, aber nur in leichten, durchlässigen Böden.

Astragalus angustifolius

Schmalblättriger Tragant
Fabaceae, Schmetterlingsblütler

Heimat: Balkan, Kreta, Kleinasien.
Wuchsform: Polsterbildend, flach, bis 1 m breit. Bewehrte Triebe.
Blatt: Gefiedert, bis 4 mm lang, silbergrau.
Blüte: Weiß, V–VI.
Frucht: Hülse.
Verwendung: Für sonnige Steingärten aller Art, vorwiegend auf Kalk. 4–11 Pfl./m².
Vermehrung: Risslinge im Herbst, vorher Polster einsanden.
Hinweis: Nur mit Topfballen verpflanzbar. Dornenstrauch.
Pflege: Auf durchlässigen Böden keine Pflege notwendig.

✛ cm H: 8–10   ✿ V–V   ⦿ I

✛ cm H: 20 Bl: 30   ✿ IV–V   ⦿ I

Aubrieta-Sorten

Blaukissen
Brassicaceae, Kohlgewächse

Heimat: Züchtungen der Blaukissenarten aus dem Mittelmeerraum.
Wuchsform: Polsterbildend.
Blatt: Spatelförmig, am Ende gezähnt, graugrün, immergrün, 2–3 cm lang.
Blüte: 4-zählig, auch gefüllt, blau, violett oder rot, bis 1,5 cm groß, IV–V.
Frucht: Kleine Schoten.
Verwendung: Für sonnige Mauern und Mauerfugen, Steingärten, Terrassenbeeten. 11 Pfl./m².
Vermehrung: Stecklinge der Rosetten im Herbst, auch Aussaat im Vorfrühling.
Sorten: ‚Dr. Mules', blauviolett (Bild); ‚Red Carpet', rot; ‚Tauricola', blau.
Pflege: Um Verkahlen von innen zu verhindern, direkt nach der Blüte stark zurückschneiden.

Aurinia saxatilis

Felsen-Steinkraut
Brassicaceae, Kohlgewächse

Heimat: Mittelmeergebiete, Zentralasien.
Wuchsform: Breit, kissenförmig bis 30 cm hoch.
Blatt: Rosettig, lanzettlich, graugrün.
Blüte: Kreuzblütchen in rispigen Trauben, goldgelb, Duft nach Honig, IV–V.
Frucht: Schötchen mit kleinen, flachen Samen.
Verwendung: Sonnig warme Steingärten, Geröllbeete, Trockenmauern. 6–11 Pfl./m².
Vermehrung: Aussaat. Gefüllte Sorten durch Stecklinge.
Sorten: ‚Citrinum', Blüten zitronengelb; ‚Plenum', gefüllte Blüten (Bild).
Hinweis: Verbreitet sich durch Selbstaussaat an geeigneten Standorten.
Pflege: Nach der Blüte auf ein Drittel oder die Hälfte zurückschneiden, mindestens jedoch eine Handbreit stehen lassen.

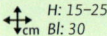 H: 15–25 cm Bl: 30   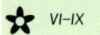 VI–IX   I

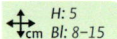 H: 5 cm Bl: 8–15   VI–VII   I

Campanula carpatica

Karpaten-Glockenblume
Campanulaceae, Glockenblumengewächse

Heimat: Karpaten.
Wuchsform: Polsterbildend, lockerhorstig.
Blatt: Oval-eiförmig, Blattrand gezähnt, hellgrün.
Blüte: Schalenblüten, 3–4 cm groß, violettblau, VI–IX.
Frucht: Kapsel mit vielen feinen Samen.
Verwendung: Sonnige Steingärten, Rabatten, Geröllbeete. 11–25 Pfl./m².
Vermehrung: Teilung auch nach der Blüte; Aussaat im Frühling.
Sorten: ‘Blaue Clips’, blau; ‘Weiße Clips’, weiß; beide Sorten bilden sortenechten Samen aus; ‘Karpatenkrone’, hellblau. Alle Sorten sollten vegetativ vermehrt werden.
Pflege: Vor Schnecken schützen.

Campanula portenschlagiana

Dalmatiner Glockenblume
Campanulaceae, Glockenblumengewächse

Heimat: Dalmatien.
Wuchsform: Polsterförmig, kurze, unterirdische Ausläufer bildend. Kriecht langsam.
Blatt: Rundlich, gezähnt.
Blüte: Glockig, blauviolett, breitzipfelig, VI–VII. IX.
Frucht: Kleine Kapsel.
Verwendung: Beste Steingartenpflanze, auch für Rabatten und Wegeinfassungen in sonniger bis absonniger Lage. 11–25 Pfl./m².
Vermehrung: Teilung nach der Blüte, Stecklinge ganzjährig.
Sorten: ‘Birch’, lichtblau; ‘Major’, lila.
Pflege: Genügsame Pflanze, die keine Pflege braucht.

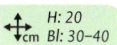 *H: 20* *cm Bl: 30–40* 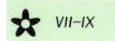 VII–IX   I

 H: 7 *cm Bl: 20*   V–VI   II

Carlina acaulis subsp. simplex

Hohe Silberdistel
Asteraceae, Asterngewächse

Heimat: Europa.
Wuchsform: Horstig, aufrechter Blütenstand aus einer Blattrosette entspringend.
Blatt: Fiederspaltig, bedornt.
Blüte: Blütenkopf braun, 12 cm groß, mit silbrigen Hüllblättern, VII–IX.
Fruchtstand: Blütenkorb, Samen mit Pappus.
Verwendung: Schnittpflanze, Trockenblume, Steingärten in voller Sonne. 6 Pfl./m².
Vermehrung: Aussaat im Vorfrühling.
Sorte: 'Bronce', bronzefarbene Blattrosetten.
Hinweis: Geschützte Wildpflanze.
Pflege: Rückschnitt im Herbst oder vor dem Austrieb etwa eine Handbreit über dem Boden.

Dianthus gratianopolitanus

Pfingst-Nelke
Caryophyllaceae, Nelkengewächse

Heimat: Europa, östlich bis zur Ukraine.
Wuchsform: Polsterbildend.
Blatt: Lineal-lanzettlich, graugrün, immergrün.
Blüte: Einfach, 1-blütig, rosa, V–VI.
Frucht: Kelchförmige Kapsel.
Verwendung: Auf und in Trockenmauern, Steingärten, in voller Sonne. Extensive Dachbegrünung. Duftpflanze. 11 Pfl./m².
Vermehrung: Teilung und Aussaat im Frühling.
Sorten: 'Blaureif', zartrosa, Polster stahlblau; 'Glut', glutrot.
Hinweis: Oft dichte Polster bildend.
Pflege: Genügsame Pflanze, die keine Pflege braucht.

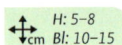 H: 5–8 cm Bl: 10–15   V–VI   II

 H: 20 cm Bl: 20   VI–VII   I

Dryas octopetala

Silberwurz
Rosaceae, Rosengewächse

Heimat: Alpine und polare Gebiete Europas, Asiens, N-Amerikas.
Wuchsform: Teppichbildner durch kriechende Sprosse.
Blatt: Oval, am Rand gekerbt, bis 4 cm lang, glänzend grün.
Blüte: Schalenförmig, meist mit 8 Kronblättern, weiß, V–VI.
Frucht: Samenschöpfe silbrig, Windverbreitung.
Verwendung: Flächendecker für magere, humusarme Flächen in vollsonniger Lage, Dachbegrünung. 11–25 Pfl./m².
Vermehrung: Abtrennen bewurzelter Triebe, Aussaat nach der Samenreife.
Pflege: Vor Wintersonne schützen.

Euphorbia myrsinites

Walzen-Wolfsmilch
Euphorbiaceae, Wolfsmilchgewächse

Heimat: Mittelmeergebiete, SO-Europa.
Wuchsform: Niederliegend, horstig. **Blatt:** Bereift, fleischig, verkehrt-eiförmig, zugespitzt, blaugrün.
Blüte: Kopfiger Blütenstand am Triebende, Hochblätter gelbgrün, VI–VII.
Frucht: Kugelig, glatt.
Verwendung: Einzeln oder in Gruppen auf warmen, durchlässigen Böden im sonnigen Steingarten, für extensive Dachbegrünung. 4–6 Pfl./m².
Vermehrung: Aussaat im Frühling, oft Selbstaussaat.
Hinweis: Giftige Pflanze.
Pflege: Genügsame Pflanze, die keine Pflege braucht.

 H: 20 cm Bl: 30   VI–VII   II

 H: 5 cm Bl: 10   V–VI   II

Festuca cinerea

Blau-Schwingel
Poaceae, Süßgräser

Heimat: Mitteleuropa, Norditalien, Südostfrankreich.
Wuchsform: Polsterbildendes, horstiges Gras.
Blatt: Dünn, eingerollt, steif aufrecht, matt graublau, wintergrün.
Blüte: Rispe, gelbbraun, VI–VII.
Fruchtstand/Frucht: Rispe, Karyopse. Samen länglich.
Verwendung: In kleineren Gruppen in sonnigen Steingärten, Heidepartien, Gräber, Dachgärten. Extensive Dachbegrünung. 6–11 Pfl./m².
Vermehrung: Teilung, Aussaat im Frühling.
Sorten: 'Blauglut', 'Frühlingsblau'; 'Elijah Blue', besonders blausilbrig.
Pflege: Rückschnitt im Frühjahr vor dem Neuaustrieb. Bei strengen Wintern Winterschutz, z. B. durch anhäufeln geben. Auf mageren Böden langlebiger.

Gentiana acaulis

Stängelloser Enzian
Gentianaceae, Enziangewächse

Heimat: Alpen und Karpaten, auch weiter südlich bis Mittelitalien.
Wuchsform: Mattenbildend, rosettig, ausläufertreibend.
Blatt: Lanzettlich, gegenständig, wintergrün.
Blüte: Trichterblüte, 5–7 cm lang, innen grünfleckig, violettblau, V–VI. Kelchzähne rundlich.
Frucht: Längliche Kapsel, viele gelbe Samen.
Verwendung: In kleinen Gruppen in vollsonnigen Steingärten. Schnittpflanze. 11–25 Pfl./m².
Vermehrung: Teilung im Frühling; Aussaat im Winter (Kältereiz).
Sorte: 'Alba', weiß.
Hinweis: Geschützte Wildpflanze.
Pflege: Rückschnitt nach der Blüte.

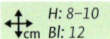 H: 8–10 cm Bl: 12   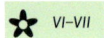 VI–VII   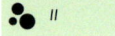 II

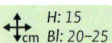 H: 15 cm Bl: 20–25   V–VIII   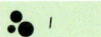 I

Geranium dalmaticum

Dalmatiner Storchschnabel
Geraniaceae, Storchschnabelgewächse

Heimat: Dalmatien bis Albanien.
Wuchsform: Matten bildend, treibt kurze Ausläufer.
Blatt: Rundlich gelappt, 4 cm breit, grün, im Herbst orange-gelb, wintergrün.
Blüte: Zartrosa, 1- bis 2-blütig, 13 mm breit, VI–VII.
Frucht: Aufrecht, Storchschnabel mit Teilfrüchten an der Basis.
Verwendung: Ideale Pflanze für trockene und sonnige Plätze in Steingärten und Trockenmauern, Gräber, Tröge. 25 Pfl./m².
Vermehrung: Teilung im Frühling.
Sorten: 'Album', weiß; 'Bressingham Pink', sattrosa.
Hinweis: Verträgt Trockenheit.
Pflege: Gelegentlich ausdünnen, entfernen von verdorrten Pflanzenteilen fördert das Wachstum.

Gypsophila repens 'Rosea'

Teppich-Schleierkraut
Caryophyllaceae, Nelkengewächse

Heimat: Züchtung. Die Art stammt aus den Kalkalpen und Pyrenäen.
Wuchsform: Niederliegend, horstbildend. Rübenförmige Wurzeln.
Blatt: Lineal-lanzettlich, blaugrün.
Blüte: Klein, zartrosa, in Mengen, V–VIII.
Frucht: Klein, unscheinbar.
Verwendung: In und auf Mauern sowie sonnige Pflanzungen im Steingarten. Pflanze verträgt keine Staunässe. 11–25 Pfl./m².
Vermehrung: Aussaat.
Sorte: 'Rosenschleier', hellrosa gefüllt, 30 cm.
Pflege: Auf trockenen, durchlässigen Boden achten. Benötigt keine Pflege.

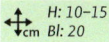 H: 10–15 cm Bl: 20   V–VII   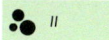 II

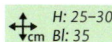 H: 25–30 cm Bl: 35   IV–V   I

Helianthemum-Sorten

Sonnenröschen
Cistaceae, Zistrosengewächse

Heimat: Züchtung.
Wuchsform: Aufrecht bis überliegend, horstig, zwergstrauchartig.
Blatt: Eiförmig, gegenständig, 2–3 cm lang, grau–grün, immergrün.
Blüte: Mit 5 Kronblättern, in traubenartigen Wickeln, gelb, weiß, braun, rot – je nach Sorte. Einzelblüte kurzlebig, in Mengen erscheinend.
Frucht: Klein, nickend.
Verwendung: Für sonnige Steingärten, auf Mauern, ähnliche Standorte. 11–25 Pfl./m².
Vermehrung: Sommerstecklinge.
Sorten: ‘Frau M. Bachthaler’, weiß; ‘Mandarin’, orange (Bild).
Hinweis: Reich blühender Zwergstrauch.
Pflege: Rückschnitt nach der Blüte.

Iberis sempervirens

Schleifenblume
Brassicaceae, Kohlgewächse

Heimat: S-Europa, Kleinasien, Kreta.
Wuchsform: Niederliegend, horstig.
Blatt: Spatelig, 2–3 cm lang, dunkelgrün, immergrün.
Blüte: In flachen, endständigen Trugdolden, Weiß. Einzelblüte mit je 2 kurzen und 2 langen Blütenblättern, bildet eine Schleife, IV–V.
Frucht: Schötchen eiförmig.
Verwendung: In sonnigen Steingärten und auf Mauern, Troggärten, Gräber. 11–25 Pfl./m².
Vermehrung: Stecklinge im Sommer.
Sorte: ‘Nana’, noch gedrungener; ‘Schneeflocke’, 25 cm.
Pflege: Rückschnitt nach der Blüte.

 H: 20
cm Bl: 30   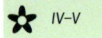 IV–V   II

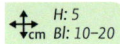 H: 5
cm Bl: 10–20   VI–VII   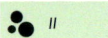 II

Iris-Barbata-Nana-Gruppe

Niedere Schwertlilie
Iridaceae, Schwertliliengewächse

Heimat: Züchtungen.
Wuchsform: Aufrecht, dicke Rhizome bildend, Stängel steif, verzweigt.
Blatt: Schwertförmig, ganzrandig, grün, spitz.
Blüte: Zu mehreren in scheidigen Hüllblättern, end- und achselständig. Blütenblätter in 2 Kreisen, je 3 Dom- und Hängeblätter, letztere mit Bart, 10–15 cm groß.
Frucht: 3-klappige Kapsel.
Verwendung: Als Einfassung für Rabatten, in kleinen Gruppen im sonnigen Steingarten. Dachbegrünung. 11–25 Pfl./m².
Vermehrung: Teilung der Rhizome nach der Blüte im Sommer. Aussaat.
Sorten: Jährlich neue Sorten.
Pflege: Verdorrtes Laub im Herbst oder zeitigen Frühjahr entfernen. Alle 3–4 Jahre zur Verjüngung teilen.

Jovibarba globifera subsp. globifera

Gewöhnlicher Fransenhauswurz
Crassulaceae, Dickblattgewächse

Heimat: Mitte bis O-Europa.
Wuchsform: Kugelige Rosette, Nebenrosetten an dünnen Stolonen, Polster bildend.
Blatt: Lanzettlich, in kugeligen Rosetten angeordnet, 2 cm hellgrün.
Blüte: Lockerer Blütenschopf, 6 gefranste Petale, Trichterblüten grüngelb, VI–VII.
Frucht: Mehrteilige Kapseln, winzige Samen.
Verwendung: An sonnigen Plätzen in Steingärten, Mauerfugen, extensive Dachbegrünung, Tröge. 25–50 Pfl./m².
Vermehrung: Tochterrosetten abnehmen.
Hinweis: Geschützte Wildpflanze.
Pflege: Genügsame Pflanze, die keine Pflege braucht.

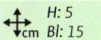 H: 5 cm Bl: 15   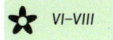 VI–VIII   II

 H: 10 cm Bl: 15   VI–VIII   I

Jovibarba heuffelii

Balkan-Fransenhauswurz
Crassulaceae, Dickblattgewächse

Heimat: SO-Europa.
Wuchsform: Rosettenpolster, rübenartige Wurzel.
Blatt: Dickfleischig, oval, immergrün.
Blüte: Röhrenblüten glockig, in dichtem Blütenschopf, gelb-weiß, VI–VIII.
Frucht: Mehrteilige kleine Kapseln, sternförmig, Samen winzig.
Verwendung: In sonnigen und trockenen Steingärten, Mauerfugen, extensive Dachbegrünung, Tröge. 25–50 Pfl./m²
Vermehrung: Aussaat im Winter.
Sorten: 'Bronze Ingot', 'Cameo', 'Beacon Hill', auch mehrere Lokalformen.
Hinweis: Staunässe vermeiden! Geschützte Wildpflanze.
Pflege: Genügsame Pflanze, die keine Pflege braucht.

Leontopodium nivale subsp. alpinum

Edelweiß
Asteraceae, Asterngewächse

Heimat: Alpen, Pyrenäen, Karpaten.
Wuchsform: Polsterartig, horstbildend.
Blatt: Lineal-lanzettlich, graugrün.
Blüte: Winzige, gelbe Röhrenblüten, auffällige, silberwollige Hochblätter, VI–VIII.
Fruchtstand/Frucht: Trugdolde, Samen mit Pappus.
Verwendung: Einzeln oder in kleinen Trupps im sonnigen Steingarten. 25 Pfl./m².
Vermehrung: Teilung im Vorfrühling, Aussaat im Februar (Kaltkeimer).
Sorte: 'Mignon', nur 10 cm hoch, dicht.
Ähnliche Art: *L. souliei* ist im Garten dankbarer.
Pflege: Rückschnitt im zeitigen Frühjahr etwa Hand hoch.

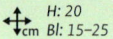 H: 20 cm Bl: 15–25   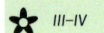 III–IV   III   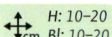 H: 10–20 cm Bl: 10–20   V–IX   I

Muscari armeniacum

Armenische Traubenhyazinthe
Hyacinthaceae, Hyazinthengewächse

Heimat: Balkan, Kleinasien, Kaukasus.
Wuchsform: Aufrechte Blütentrauben, Blätter bogig, horstbildende Zwiebelpflanze.
Blatt: Lineal, dunkelgrün, erscheint schon im Herbst in einer Rosette (wintergrün). Blätter ziehen nach der Blüte ein.
Blüte: Dichte Blütentraube mit kleinen, krugförmigen Glöckchen, blau, III–IV.
Frucht: 3-klappige Kapsel, schwarze Samen.
Verwendung: In kleinen Gruppen in meist kalkreichen Böden in voller Sonne. Steingärten. Schnittpflanze. 25–200 Pfl./m².
Vermehrung: Teilung im Juni.
Sorte: 'Cantab', himmelblau.
Pflege: Pflanze zieht nach der Blüte ein und braucht keine weitere Pflege.

Oenothera macrocarpa

Missouri-Nachtkerze
Onagraceae, Nachtkerzengewächse

Heimat: N-Amerika.
Wuchsform: Niederliegend bis aufrecht, Triebe auch herabhängend, horstig, Rübenwurzel.
Blatt: Lanzettlich, ganzrandig, hellgrün.
Blüte: 10 cm große Trichterblüten, achselständig, hellgelb, Nachtblüher. Einzelblüte kurzlebig, aber es erscheinen eine Menge Blüten von V–IX.
Frucht: Hellbraune Kapseln geflügelt, bis 10 cm lang, zahlreiche braune Samen.
Verwendung: Langblühende Steingartenpflanze für vollsonnige Standorte. Benötigt Dränage. Bienenweide. 2–6 Pfl./m².
Vermehrung: Aussaat im Frühling. Stecklinge, IV.
Pflege: Rückschnitt nach der Blüte oder vor dem Austrieb im Frühling etwa eine Handbreit über dem Boden.

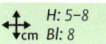 H: 5–8 cm Bl: 8   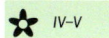 IV–V   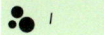 I

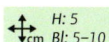 H: 5 cm Bl: 5–10   V–V   II

Phlox douglasii

Teppich-Phlox
Polemoniaceae, Sperrkrautgewächse

Heimat: N-Amerika.
Wuchsform: Dicht teppichartig, kriechend, teils wurzelnd.
Blatt: Nadelförmig, spitz, 2 cm lang, immergrün, Stiele dicht beblättert.
Blüte: 1–2 cm groß, 5-zählig, in dichten Doldentrauben; rosa oder rot – je nach Sorte; IV–V.
Frucht: Selten zu sehen.
Verwendung: Für sonnige Steingärten und Mauern, Dachgärten, Tröge. 11–16 Pfl./m².
Vermehrung: Stecklinge im Winter.
Sorten: 'Cracker Jack', karminrot (Bild); 'Iceberg', weiß.
Hinweis: Besonders dichte Polster, oft grelle Blütenfarben.
Pflege: Genügsame Pflanze, die keine Pflege braucht.

Potentilla tabernaemontani

Frühlings-Fingerkraut
Rosaceae, Rosengewächse

Heimat: Europa.
Wuchsform: Mattenartig, kriechend.
Blatt: 5- bis 7-teilig, am Rand gezähnt.
Blüte: Schalenförmig, 5-teilig, in Doldentrauben, goldgelb, IV–V.
Fruchtstand: Doldentraube.
Verwendung: Flächig auf durchlässigen, sonnigen Kalkböden. Dachbegrünung. 16–25 Pfl./m².
Vermehrung: Teilung im Vorfrühling.
Sorte: 'Nana', nur 5 cm hoch, Mattenpflanze, gelb (Bild).
Pflege: Genügsame Pflanze, die keine Pflege braucht.

 H: 10
cm Bl: 15   IV–VI   II

 H: 5
cm Bl: 20   III–IV   I–II

Primula auricula

Alpen-Aurikel
Primulaceae, Schlüsselblumengewächse

Heimat: Alpen, Karpaten.
Wuchsform: Rosettenartig, horstig.
Blatt: Oval, dickfleischig, bis 15 cm lang, ganz-randig, gezähnt, weiß bemehlt, immergrün.
Blüte: Trichterblüte mit bemehltem Schlund, in dichter Doldentraube, gelb, IV–VI.
Frucht: Kugelige Kapsel.
Verwendung: In sonnigen bis absonnigen Lagen in Steingärten, Trockenmauern oder Trögen. Schnittpflanze. 16–25 Pfl./m².
Vermehrung: Teilung im Vorfrühling oder nach der Blüte.
Weitere Art: *Primula × hortensis*, Garten-Aurikel, großblumig, 25 cm.
Hinweis: Geschützte Wildpflanze.
Pflege: Vor Schnecken schützen, sonst keine Pflege notwendig.

Pulsatilla vulgaris

Kuhschelle
Ranunculaceae, Hahnenfußgewächse

Heimat: Europa.
Wuchsform: Buschig, horstig.
Blatt: Grundständig, behaart, fiederschnittig.
Blüte: Glockenförmig, ohne Kelch, einzeln, auf-recht bis nickend, violett, gelbe Staubgefäße.
Fruchtstand/Frucht: Nüsschen mit federigem Griffel, zu Büscheln vereint, sehr zierend.
Verwendung: Für sonnige Steingärten und durchlässige Kalkböden. 11 Pfl./m².
Vermehrung: Aussaat im Februar. Wurzel-schnittlinge in I.
Sorten: 'Röde Klokke', tiefrot; 'Weißer Schwan', weiß.
Hinweis: Geschützte Wildpflanze. Giftig.
Pflege: Keine besonderen Pflegemaßnahmen nötig.

H: 10 cm **Bl: 20** ✴ V–VII ⚫ I

H: 5 cm **Bl: 20–25** ✴ V–VI ⚫ I

Saponaria ocymoides

Rotes Seifenkraut
Caryophyllaceae, Nelkengewächse

Heimat: Gebirge SW-Europas.
Wuchsform: Niederliegend, horstig. Polster bis 60 cm breit.
Blatt: Spatelig, gegenständig, an dünnen, gabelig verzweigten Stielen, grün.
Blüte: Klein, 5-zählig, in lockeren Trugdolden, karminrot, V–VII.
Frucht: Klein, becherartig, oft Selbstaussaat.
Verwendung: Für Steingartenbereiche aller Art, Trockenmauern und Böschungen in voller Sonne. 11 Pfl./m².
Vermehrung: Aussaat im Frühling, Sorten durch Stecklinge zur Blütezeit.
Sorten: 'Snow Tip', weiß; 'Rubra Compacta', rot.
Hinweis: Geschützte Wildpflanze.
Pflege: Genügsame Pflanze, die keine Pflege braucht.

Saxifraga paniculata

Trauben-Steinbrech
Saxifragaceae, Steinbrechgewächse

Heimat: Arktisch-alpine Art, Alpen, Kaukasus, N-Amerika.
Wuchsform: Rosettenpolster, Nebenrosetten an kurzen Stolonen bildend.
Blatt: Zungenförmig bis spatelig, gezähnt, starr, bis 5 cm lang, graugrün, immergrün.
Blüte: Schalenblüte, 5-blättrig, an verzweigter Doldenrispe, weiß, V–VI.
Frucht: 2-fächrige Kapsel.
Verwendung: Einzeln oder in kleinen Gruppen im sonnigen Steingarten. 16–32 Pfl./m².
Vermehrung: Teilung, Stecklinge.
Sorten/Arten: 'Baldensis', kleinrosettig, weiß. Viele Unterarten.
Pflege: Wenn die Polster von innen verkahlen, Pflanze teilen und grüne Rosetten frisch einpflanzen.

⬍cm H: 3–4	✦ VI–VII	❀ I–II

⬍cm H: 5 Bl: 20–35	✦ VI–VII	❀ I–II

Sempervivum arachnoideum

Spinnweb-Hauswurz
Crassulaceae, Dickblattgewächse

Heimat: Alpen, Pyrenäen bis Karpaten.
Wuchsform: Rosetten polsterförmig, viele Nebenrosetten bildend. Monocarp.
Blatt: Spitz-eiförmig, fleischig-sukkulent, in weißen, kugeligen Rosetten, 1 cm.
Blüte: Sternblüte in endständigen Trugdolden.
Frucht: Sternartige Kapsel.
Verwendung: Für sonnige Steinfugen, vorwiegend Silikaktfelsen, Tröge. 50–100 Pfl./m².
Vermehrung: Teilung, Abtrennen der Tochterrosetten ganzjährig, Aussaat im Vorfrühling.
Sorten: 'Rheinkiesel', rot; 'Baby Boo', weiß.
Hinweis: Geschützte Wildpflanze.
Pflege: Keine Pflegemaßnahmen notwendig.

Sempervivum-Sorten

Garten-Hauswurz, Steinrose
Crassulaceae, Dickblattgewächse

Heimat: Züchtung.
Wuchsform: Rosettenpolster, Nebenrosetten bildend. Monocarp.
Blatt: Spitz-eiförmig, fleischig-sukkulent, in breiten Rosetten, 4–15 cm. Größe und Farbe je nach Sorte, variiert auch je nach Jahreszeit.
Blüte: Sternblüte, rosa, VI–VII.
Frucht: Sternartige Kapsel.
Verwendung: Für sonnige Schalen und Tröge aller Art. Dachbegrünung. 25 Pfl./m².
Vermehrung: Teilung, Abtrennen der Tochterrosetten, Samen.
Sorten: 'Othello', violett; 'Mount Hood', im Winter dunkelrot; 'Reinhard', grün, mit braunen Spitzen; 'Tambora' (Bild), Rosette 2 cm, rot mit grün.
Pflege: Genügsame Pflanze, die keine Pflege braucht.

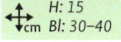 H: 15 cm Bl: 30–40   VII–IX   III–V   H: 3–5 cm   VI–VII   II–III

Stachys byzantina

Woll-Ziest
Lamiaceae, Lippenblütler

Heimat: Krim, Kaukasus bis N-Iran.
Wuchsform: Flach, Blütenstiele aufrecht.
Blatt: Eiförmig, gestielt, dicht graufilzig behaart, wintergrün.
Blüte: Kleine Lippenblüten, wenig auffällig, quirlständig, rosa, VII–IX.
Frucht: Kleine Nüsschen.
Verwendung: Wichtiger Bodendecker für trockene, sonnige Lagen. Bienenweide. 11 Pfl./m².
Vermehrung: Teilung im Vorfrühling.
Sorte: 'Silver Carpet', blüht wenig, daher idealer Bodendecker für große Flächen.
Hinweis: Blütenstiele nicht standfest, Polster leiden.
Pflege: Verblühte Stängel regelmäßig entfernen, Pflanze wird sonst unansehnlich.

Thymus praecox subsp. **britannicus**

Woll-Thymian
Lamiaceae, Lippenblütler

Heimat: W-Europa.
Wuchsform: Mattenartig kriechend und teilweise wurzelnd.
Blatt: Oval, 3 mm lang, dicht behaart, mattgrau, immergrün.
Blüte: Lippenblütchen, rosa, selten, VI–VII.
Frucht: Nüsschen, werden selten ausgebildet.
Verwendung: Mattenbildner für sonnige Böschungen, Steingärten und Trockenmauern. 16 Pfl./m².
Vermehrung: Teilung des Polsters im Frühling.
Hinweis: Laub kann in strengen Wintern leiden.
Pflege: Genügsame Pflanze, die keine Pflege braucht.

| ✚ H: 0,2 B: 1 | ✳ IV–V | 🌲 L: 1–3 B: 1 | | ✚ H: 1 B: 1 | ✳ VII–IX | 🔷 L: 6–8 B: 2–3 |

Arctostaphylos uva-ursi

Echte Bärentraube, Immergrüne Bärentraube
Ericaceae, Heidekrautgewächse

Heimat: Zirkumpolar: von Europa bis Amerika.
Wuchs: Flacher Teppichbildner, Zwergstrauch.
Blatt: Immergrün, derb ledrig, glänzend, 1–3 cm lang.
Blüte: Krugförmig, weiß, an endständigen, überhängenden Trauben; IV–V.
Frucht: Rote, beerenartige Steinfrucht erbsengroß.
Verwendung: Mattenbildner im Heidegarten und Steingarten in sonniger bis halbschattiger Lage.
Hinweis: Schöner Bodendecker, eine Pflanze deckt 1 m² ab.
Weitere Art: *A. alpina,* Kalkalpen, sommergrün, rote Herbstfärbung.
Pflege: Bei guter Standortwahl, keine Pflegemaßnahmen notwendig.

Caryopteris × clandonensis

Bartblume
Verbenaceae, Eisenkrautgewächse

Heimat: Züchtung aus *C. incana* × *C. mongholica,* Ostasien.
Wuchs: Breiter Busch, Halbstrauch mit vielen feinen Trieben.
Blatt: Gegenständig, eilanzettlich, gezähnt, unterseits graufilzig.
Blüte: In Blattachseln der diesjährigen Triebe im Spätsommer, tiefblau mit langen Staubgefäßen, bis zu 20 Stück in Trugdolden; VII–IX.
Frucht: Klausenfrüchte. Pergamentartige Fruchthülle enthält winzige Samen.
Verwendung: Sonnige Stein- und Heidegärten, Winterschutz notwendig.
Sorte: 'Heavenly Blue', dunkleres Blau.
Pflege: Scharfer Rückschnitt im Frühling.

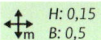 H: 0,15 B: 0,5   V–VI 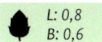 L: 0,8 B: 0,6

 H: 0,3 B: 1   IV–VI   L: 2 B: 0,5

Cotoneaster dammeri 'Streib's Findling'

Zwergmispel
Rosaceae, Rosengewächse

Heimat: Züchtung.
Wuchs: Sehr langsam wachsend. Triebe liegen dem Boden an.
Blatt: Immergrün, eirundlich, 6–8 mm lang, dunkelgrün.
Blüte: Weiß, Trugdolden, fünfzählige Blüten, etwa 8 mm groß; V–VI.
Frucht: Kugelige, beerenartige Apfelfrucht, erbsengroß.
Verwendung: Für kleinere Flächen in Steingärten, Gräbern, Tröge und Mauern an sonnigen bis halbschattigen Standorten.
Hinweis: Auf Feuerbrand achten.
Pflege: Kein Schnitt notwendig.

Daphne cneorum

Rosmarin-Seidelbast
Thymelaeaceae, Spatzenzungengewächse

Heimat: Kalkberge in Mittel- und Südeuropa.
Wuchs: Immergrüner Zwergstrauch, Matten bildend.
Blatt: Spatelförmig, 2 cm lang, dunkelgrün, unterseits bläulich, immergrün.
Blüte: Dunkelrosa Röhrenblüten, an den Triebenden gehäuft zu köpfchenartigen Dolden; IV–VI, duftend.
Frucht: Gelbbraun, 2–3 mm lang, wenig auffällig. Wird von Ameisen verschleppt, Steinfrucht.
Verwendung: Steingartenjuwel für die volle Sonne, erfüllt zur Blütezeit den ganzen Garten mit Nelkenduft.
Sorte: 'Major', großblumiger, aber nicht so ausdauernd wie die Art. Wird in 10–12 Jahren über 1 m breit.
Hinweis: Ganze Pflanze giftig.
Pflege: Auf Schnittmaßnahmen verzichten.

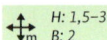 H: 1,5–3
B: 2
m

 V

 L: 5–8
B: 4

 H: 0,5
B: 0,6
m

 V–VI

 L: 1
B: 0,3

Fothergilla major

Großer Federbuschstrauch
Hamamelidaceae, Zaubernussgewächse

Heimat: Südosten der USA, Alabama.
Wuchs: Breitbuschig, halbkugelig, Triebe hell-
grau filzig.
Blatt: Wechselständig, dunkelgrün, unterseits
blaugrün, eiförmig, im Herbst orange.
Blüte: Weiße, bürstenförmige Blütenähren, an
den Triebenden gehäuft; V.
Frucht: Braune Kapselfrüchte, unauffällig,
1,5 cm lang.
Verwendung: Einzelstellung im Hausgarten,
Frühlingsecken im Stein- und Vorgarten in halb-
schattiger Lage.
Hinweis: Einmalige Herbstfärbung.
Pflege: Auf richtigen Standort achten, dann
keine Pflege notwendig.

Genista lydia

Lydischer Ginster
Fabaceae, Hülsenfrüchtler

Heimat: Ost-Balkan, Anatolien.
Wuchs: Breit wachsender Zwergstrauch, 50 cm
hoch, Zweige nach unten gekrümmt.
Blatt: Wechselständig, linealisch, spitz,
5–10 mm, grün, Triebe vierkantig.
Blüte: Goldgelb, zu mehreren in dichtblütigen
Trauben; V–VI.
Frucht: Flache Hülsen, 2,5 cm lang, giftig!
Verwendung: Für Stein- und Heidegärten, Vor-
garten, Gräber, Tröge, Dachgärten. Einzeln oder
in Gruppen in der Sonne.
Hinweis: Dankbarer Kleinstrauch für warme
Lagen.
Pflege: Im Winter vor Wind und Sonne schützen.
Auf Schnittmaßnahmen verzichten.

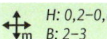 H: 0,2–0,6 B: 2–3 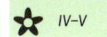 IV–V L: 0,5

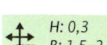 H: 0,3 B: 1,5–2 IV L: 0,5 B: 0,5

Juniperus communis 'Hornibrookii'

Teppich-Wacholder
Cupressaceae, Zypressengewächse

Heimat: Cultivar.
Wuchs: Flach ausgebreitet, mattenförmig, 0,2–0,3 m hoch, aber 2–3 m breit.
Blatt: Nadeln graugrün, spitz, stechend, 5 mm lang.
Blüte: Zweihäusig, unscheinbar; IV–V.
Frucht: Schwarze, runde Beerenzapfen, selten zu sehen.
Verwendung: Heide- und Steingärten, Bodendecker in voller Sonne.
Sorte: *J. communis* 'Repanda', ähnlich, aber mit weichen Nadeln.
Hinweis: Anspruchslos, winterhart.
Pflege: Keine Pflegemaßnahmen notwendig.

Juniperus horizontalis

Kriech-Wacholder
Cupressaceae, Zypressengewächse

Heimat: Nordamerika bis Alaska.
Wuchs: Niederliegend, teppichbildender, weithin kriechender Strauch. Zahlreiche, kurze Triebe. Borke graubraun.
Blatt: Schuppig, nicht stechend, blaugrün.
Blüte: Zweihäusig, unscheinbar, gelblich; IV.
Frucht: Blau bereifter Beerenzapfen, 0,5 cm.
Verwendung: Wichtiger Flächenbegrüner für Böschungen, Mauerkronen, Gräber in sonnigen Lagen.
Sorte: 'Glauca', wertvollste Sorte mit stahlblauer Färbung (Bild).
Hinweis: Anspruchslos.
Pflege: Kann durch Schnittmaßnahmen eingedämmt werden.

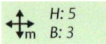 H: 5
B: 3

 IV

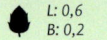 L: 0,6
B: 0,2

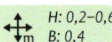 H: 0,2–0,6
B: 0,4

 VII–VIII

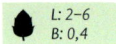 L: 2–6
B: 0,4

Juniperus squamata

Schuppen-Wacholder
Cupressaceae, Zypressengewächse

Heimat: Himalaja, China, Taiwan.
Wuchs: Niederliegender Strauch. Borke rostbraun, löst sich in Schuppen ab.
Blatt: Nadelförmig, dicht stehend, grau-weiß, stechend.
Blüte: Unscheinbar, zweihäusig; IV.
Frucht: Rotbraun, elliptisch, 6–8 mm, reift im 2. Jahr.
Verwendung: Sonnige Stein- und Heidegärten. Zwergsorten für Friedhof und Grab.
Sorten: 'Meyeri', 4 m, weiß-blau; 'Blue Carpet', blau, ganz flach, 15 cm; 'Blue Star', 40 cm (Bild).
Hinweis: Vielseitig verwendbare Sorten, viele mit Zwergwuchs.
Pflege: Leichte Korrekturen können vorgenommen werden.

Lavandula angustifolia

Echter Lavendel
Lamiaceae, Lippenblütler

Heimat: Südeuropa.
Wuchs: Zwergstrauch, reich verzweigt, aufrecht, immergrün.
Blatt: Kreuzweise gegenständig, linealisch lanzettlich, 2–6 cm lang, grau-grün.
Blüte: Blauviolette Blüten, 1 cm, an lang gestielten Scheinähren im Sommer; VII–VIII.
Frucht: Kleine Nüsschen in köpfchenartigen Fruchtständen.
Verwendung: In sonnigen Stein- und Rosengärten, auch als Schnitthecke für Einfassungen.
Sorten: 'Hidcote', großblütig, dunkelviolett; 'Munstead', breit wachsend.
Hinweis: Geschützte Plätze. Rückschnitt nach der Blüte (Abschnitte für Duftkissen). Wichtige Nutzpflanze für die Kosmetik.
Pflege: Kräftiger Rückschnitt im Frühjahr sorgt für kompakte und blühwillige Pflanzen.

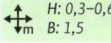 H: 0,3–0,6
B: 1,5

 V

 L: 0,5
B: 0,3

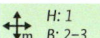 H: 1
B: 2–3

 IV–V

 L: 1
B: 0,1

Microbiota decussata

Zwerglebensbaum
Cupressaceae, Zypressengewächse

Heimat: Südostsibirien.
Wuchs: Niederliegender, dicht verzweigter Strauch.
Blatt: Schuppenförmig, 2–5 mm lang, gelbgrün, im Winter bronzerot.
Blüte: Einhäusig, unscheinbar, gelblich.
Frucht: Zäpfchen endständig, kugelig bis 6 mm dick, enthält nur 1 Samen.
Verwendung: Größere Steingärten, Böschungen, auch für Tröge in Sonne und Schatten.
Hinweis: Braucht viel Platz.
Pflege: Keine Pflege- oder Schnittmaßnahmen notwendig.

Picea abies 'Nidiformis'

Nest-Fichte
Pinaceae, Kieferngewächse

Heimat: Züchtung, um 1904 bei Hamburg entdeckt.
Wuchs: Halbkugelig, abgeflacht, in der Mitte eingesenkt. Es wird kein Mitteltrieb gebildet, die Äste stehen schräg nach außen.
Blatt: Nadeln hellgrün, 7–10 mm lang, gescheitelt an hellbraunen Trieben.
Blüte: Einhäusig, männliche Blüten gelb; weibliche Blüten zapfenförmig, rot; IV–V.
Verwendung: Einzeln für Steingärten, Gräber, Tröge in voller Sonne.
Sorten: Noch kleiner werden 'Little Gem', 40 cm; 'Echiniformis', Igel-Fichte, 30 cm; besticht durch runde, geschlossene, unregelmäßig wachsende Form.
Pflege: Malerischer Wuchs im Alter entsteht nur ohne jegliche Eingriffe.

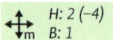 H: 2 (–4) B: 1 | IV–V | 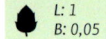 L: 1 B: 0,05

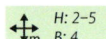 H: 2–5 B: 4 | VI–VII | 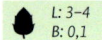 L: 3–4 B: 0,1

Picea glauca 'Conica'

Zuckerhut-Fichte
Pinaceae, Kieferngewächse

Heimat: Die Weiß-Fichte, *Picea glauca*, stammt aus dem östlichen Nordamerika. 1904 wurde an einer Pflanze als Mutation die Zuckerhut-Fichte entdeckt.
Wuchs: Streng kegelförmig, bis 4 m Höhe.
Blatt: Nadeln hellgrün, weich, 1 cm.
Blüte: Einhäusig, männliche Blüten gelb; weibliche Blüten zapfenförmig, rot; IV–V.
Verwendung: Einzeln oder in Gruppen in Gärten und Parks in sonnigen Lagen.
Sorten: 'Echiniformis', Kissen-Fichte, 50 cm; 'Laurin', Zwergzuckerhut, 60 cm.
Hinweis: Auf Spinnmilben achten.
Pflege: Genügsame und langsamwachsende Pflanze, die keiner Pflege bedarf.

Pinus mugo

Krummholz-Kiefer, Berg-Kiefer, Latsche
Pinaceae, Kieferngewächse

Heimat: Kalkalpen bis zum Balkan, Apennin.
Wuchs: Niederliegend, Äste knieförmig gebogen, aufstrebend. Borke graubraun, rau.
Blatt: Nadeln zu 2, sichelförmig gebogen, oft waagerecht abstehend, grün.
Blüte: Einhäusig, männliche Blüten gelb, auffällig; weibliche Blüten grünrot; IV.
Frucht: Zapfen kegelförmig, braun, hängend oder abstehend, 3–7 cm lang.
Verwendung: Für sonnige bis halbschattige Gärten und Parkanlagen, hoher Platzbedarf. Weniger Platz brauchen: *P. mugo* subsp. *mugo*, Ostalpen, nur 2–3 m. *P. mugo* subsp. *pumilio*, nur 150 cm.
Sorten: 'Mops', 100 cm; 'Gnom', 150 cm. Für Heide-, Stein und Dachgärten, Gräber, Hecken.
Pflege: Förderung von buschigem Wuchs durch Rückschnitt der jungen Kerzen im Frühjahr.

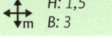 H: 1,5
B: 3

 IV–V

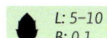 L: 5–10
B: 0,1

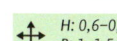 H: 0,6–0,8
B: 1–1,5

 V

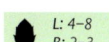 L: 4–8
B: 2–3

Pinus pumila

Ostasiatische Zwerg-Kiefer
Pinaceae, Kieferngewächse

Heimat: Sibirien bis Japan.
Wuchs: Strauchförmig, niederliegend, die Enden aufstrebend. Vieltriebig. Borke graubraun.
Blatt: Nadeln zu 5, dunkel blaugrün, 5–10 cm lang.
Blüte: Einhäusig, männliche Blüten rot, sehr auffällig; IV–V.
Frucht: Junge Zapfen purpur, später dunkelbraun, 4 cm.
Verwendung: Für Gärten und Parks, Steingärten in sonniger Lage.
Sorte: 'Glauca', Blaue Kriech-Kiefer, 1,50 m, blaugraue Nadeln, wichtigste Sorte.
Hinweis: Schöner Kontrast zur Blütezeit, Kostbarkeit.
Pflege: In durchlässige Böden pflanzen.

Rhododendron forrestii Repens-Gruppe

Zwerg-Rhododendron
Ericaceae, Heidekrautgewächse

Heimat: Züchtung aus *R. forrestii* var. *repens*, China und Tibet.
Wuchs: Breitbuschiger, immergrüner Strauch, dicht.
Blatt: Elliptisch, dunkelgrün, 4–8 cm lang.
Blüte: Dunkelrot, 6–7 cm große Trichterblüten, dichte Doldentraube; IV.
Frucht: 5-teilige Kapsel, unscheinbar.
Verwendung: Vorgärten, Gräber, Schalen und Steingärten im Halbschatten.
Sorten: 'Baden-Baden', scharlachrot, 1 m hoch; 'Frühlingszauber', leuchtend rot, 0,6 m hoch, aber breiter.; 'Scarlet Wonder', scharlachrot, 0,6 m, alle winterhart.
Pflege: Abgeblühte Blütenstände vorsichtig ausbrechen und auf richtigen Standort achten.

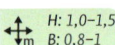 H: 1,0–1,5
B: 0,8–1

 II–IV

 L: 3–6
B: 1,5–3

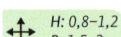 H: 0,8–1,2
B: 1,5–2

 IV–V

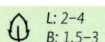 L: 2–4
B: 1,5–3

Rhododendron × praecox

Vorfrühlings-Alpenrose
Ericaceae, Heidekrautgewächse

Heimat: Züchtung aus *R. ciliatum* × *R. dauricum*
aus Ostasien.
Wuchs: Wintergrüner, aufrechter, lockerer
Strauch mit graubraunen Trieben.
Blatt: Wechselständig, eiförmig, bis 3–6 cm
lang, glänzend, teilweise gelb im Herbst.
Blüte: Lilarosa Trichterblüten an den Triebenden,
bis 4 cm breit; II–IV.
Frucht: Kaum auffällige Kapseln.
Verwendung: Halbschattige Vorfrühlingsecke im
Garten an der Terrasse, mit *Corylopsis* und zierli-
chen Blumenzwiebeln. Spätfrostgefährdet.
Hinweis: Bei Frostgefahr Schutz vor Morgen-
sonne.
Pflege: Abgeblühte Blütenstände vorsichtig aus-
brechen und unbedingt auf richtigen Standort
achten.

Salix hastata 'Wehrhahnii'

Spieß-Weide
Salicaceae, Weidengewächse

Heimat: Arktisches und subarktisches Europa
und Nordamerika, Gebirge Mittel- und Süd-
europas. Männliche Form der europäischen
S. hastata.
Wuchs: Dicht verzweigter Kleinstrauch, auf-
rechte Triebe.
Blatt: Eiförmig, 2–4 cm lang, unterseits bläulich
grün, wechselständig.
Blüte: Kätzchen an 5 mm langen Stielen. Silb-
rige, später gelbe Kätzchen, zahlreich vor dem
Laub, 3–5 cm lang; IV–V.
Verwendung: Einzeln im Steingarten oder Vor-
garten in sonniger Lage.
Pflege: Schnittmaßnahmen sind nicht nötig.

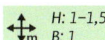 H: 1–1,5 / B: 1   VI   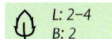 L: 2–4 / B: 2

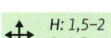 H: 1,5–2 / B: 1,5   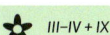 III–IV + IX   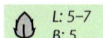 L: 5–7 / B: 5

Syringa meyeri

Meyers Flieder
Oleaceae, Ölbaumgewächse

Heimat: Nord-China.
Wuchs: Dichtbuschiger Strauch, viele Triebe aus der Basis.
Blatt: Elliptisch eiförmig, gegenständig, 2–4 cm lang, grün, unten heller.
Blüte: Violette, schmale Röhrenblüte in bis 10 cm langen Rispen, duftend; VI.
Frucht: 2-fächrige Kapsel, braun, unscheinbar.
Verwendung: Einzeln im Vorgarten und Steingarten in sonniger Lage.
Sorte: 'Palibin', noch niedriger im Wuchs, Knospe rot, geöffnete Blüte weißrosa (Bild).
Pflege: Abgeblühte Blütenstände entfernen.

Viburnum × burkwoodii

Burkwoods Schneeball
Caprifoliaceae, Geißblattgewächse

Heimat: Züchtung aus *V. carlesii* × *V. utile*.
Wuchs: Reich verzweigter, kugeliger Busch, Triebe braunfilzig.
Blatt: Gegenständig, eiförmig, bis 7 cm lang, oberseits glänzend grün, unterseits graugrün filzig, im Herbst oft orangerot, wintergrün.
Blüte: Hellrosa Röhrenblüten, 1 cm breit, innen weiß, in dichten Blütenbällen, stark duftend; III–IV. Nachblüte im Herbst.
Frucht: Schwarze Steinfrucht, länglich oval, 1 cm lang, giftig.
Verwendung: Einzeln in Hausgärten und Parks an sonnigen Standorten.
Weitere Art: *V. × pragense*, Prager Schneeball, nur 2–3 m hoch, für kleinere Gärten.
Hinweis: Herrlicher Blüten- und Duftstrauch.
Pflege: In den ersten Jahren Winterschutz geben.

Keine Angst vor nassen Füßen

Wasser in Form von Bächen und Teichen im Garten ist der Traum vieler Gartenbesitzer. Nur welche Pflanzen eignen sich für die nassen bis feuchten Böden? Finden Sie hier Gehölze und Stauden, die in und am Wasser gedeihen und diese Plätze durch ihre Formen und Farben bereichern.

 H: 100 cm Bl: 60 V–VI II

 H: 80 cm Bl: 100 VI–IX II

Acorus calamus

Kalmus
Acoraceae, Kalmusgewächse

Heimat: Europa, Amerika, Asien.
Wuchsform: Locker, kriechende Rhizome.
Blatt: Wechselständig, schwertförmig, oft mit gewelltem Blattrand, 100 cm.
Blüte: Unscheinbarer Kolben, grünlichgelb, 10–20 cm lang, V–VI.
Fruchtstand/Frucht: Kolben mit wenigen Beeren. Selten Samenbildung.
Verwendung: Größere Wasseranlagen auf nährstoffreichen, lehmigen Böden, Ufer, sonnig bis halbschattig. Heilpflanze. 4 Pfl./m².
Vermehrung: Teilung.
Sorte: 'Variegatus' mit weißbunten Blättern.
Ähnliche Art: *A. gramineus.*
Pflege: Auf ausreichende Wasserversorgung achten.

Alisma plantago-aquatica

Froschlöffel
Alismataceae, Froschlöffelgewächse

Heimat: Afrika, Europa bis Asien.
Wuchsform: Horstartige Sumpfpflanze mit knolligem Wurzelstock.
Blatt: Wechselständig, breit-elliptisch, langgestielt bis 80 cm Länge.
Blüte: Klein; an hoher, reich verzweigter, quirliger Rispe, weiß, VI–IX.
Frucht: Unscheinbare Nüsschen.
Verwendung: Teichrand, bis 30 cm Wassertiefe, nährstoffreiche Gewässer in sonniger bis halbschattiger Lage. 4–6 Pfl./m².
Vermehrung: Aussaat im Frühling.
Hinweis: Fruchtstände nach der Blüte entfernen, um Selbstaussaat zu verhindern.
Pflege: Keine Pflegemaßnahmen notwendig.

 H: 0 cm Bl: 20   VI–X   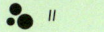 II

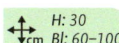 H: 30 cm Bl: 60–100   V–VIII   I–III

Aponogeton distachyos

Wasserähre
Aponogetonaceae, Wasserährengewächse

Heimat: S-Afrika.
Wuchsform: Wasserpflanze mit Schwimmblättern, lockerhorstig.
Blatt: Lineal-lanzettlich, schwimmend.
Blüte: Gabeliger Blütenstand, weiße Ähre, lange Blütezeit von VI–X.
Frucht: Unscheinbar.
Verwendung: Teiche in geschützter und sonniger Lage. 4–16 Pfl./m².
Vermehrung: Teilung im Frühling.
Pflege: Wasseroberfläche darf nicht komplett zufrieren.

Bistorta officinalis

Wiesenknöterich
Polygonaceae, Knöterichgewächse

Heimat: Europa bis Kamtschatka.
Wuchsform: Aufrechte Staude, bildet Ausläufer.
Blatt: eiförmig, sommergrün, am Grund herzförmig.
Blüte: In dichter Ähre, rosa.
Frucht: Dreikantig, dunkelbraun, 4 mm lang.
Verwendung: Flächig, auf feuchten, sauren Wiesen, sonnig bis absonnig. 7 Pfl./m².
Vermehrung: Teilung.
Sorte: 'Superbum', Ähren dunkelrosa.
Hinweis: Wichtige Schnittblume, Heilpflanze.
Pflege: Rückschnitt abgeblühter Stängel bis zu den oberen Blättern. An optimalen Standorten sonst keine Pflege nötig.

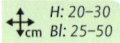 H: 20–30
cm Bl: 25–50 – II

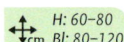 H: 60–80
cm Bl: 80–120 VI–VIII I

Blechnum spicant

Wald-Rippenfarn
Blechnaceae, Rippenfarngewächse

Heimat: Heimisch auf der nördlichen Halbkugel.
Wuchsform: Flach ausgebreitet, lockerhorstig.
Blatt: Gefiedert, sterile Wedel breit-lanzettlich,
20–30 cm lang, immergrün.
Blüte: Fertile Sporenwedel (Sporophylle) som-
mergrün, steif aufrecht, bis über 50 cm lang. Mit
vielen braunen Sporangien besetzt.
Verwendung: Vor und unter kalkarm liebenden
Gehölzen (z. B. Rhododendron); an Bachläufen,
halbschattig bis schattig. 6–11 Pfl./m².
Vermehrung: Teilung im Frühling, Sporenver-
mehrung.
Pflege: Vertrocknetes Laub im Frühjahr vor dem
Neuaustrieb entfernen.

Butomus umbellatus

Blumenbinse, Schwanenblume
Butomaceae, Schwanenblumengewächse

Heimat: Asien, Europa, N-Afrika.
Wuchsform: Aufrecht, lockerhorstig. Rhizome
schwach kriechend.
Blatt: Linealisch, bis 80 cm lang, aber nur 1 cm
breit, grün.
Blüte: 6-teilig, in doldigem Blütenstand, rosa,
VI–VIII.
Frucht: Unscheinbare Nüsschen.
Verwendung: Für größere Wasserbecken und
Teiche in der Sonne. 4–6 Pfl./m².
Vermehrung: Aussaat sofort nach der Ernte in
Moorerde, Töpfe halb ins Wasser stellen. Teilung
im Frühling.
Pflege: Verdorrtes Laub im Herbst oder zeitigen
Frühjahr entfernen.

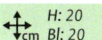 H: 20 cm Bl: 20 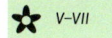 V–VII   II

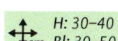 H: 30–40 cm Bl: 30–50   III–V   II

Calla palustris

Sumpf-Kalla, Schlangenwurz
Araceae, Aronstabgewächse

Heimat: Europa.
Wuchsform: Niederliegend, kriechend durch Rhizome.
Blatt: Rundlich-herzförmig, gestielt, bis 20 cm lang.
Blüte: Blütenkolben, umgeben von weißem Hochblatt (Spatha), 6–8 cm lang, gelb, V–VII.
Fruchtstand/Frucht: Kolben, Beeren zur Reife rot.
Verwendung: Teichränder und Sumpfbeete, auch Behälter in sonniger bis halbschattiger Lage. 11–25 Pfl./m².
Vermehrung: Teilung der Rhizome im Vorfrühling und Aussaat, beides schwierig.
Hinweis: Giftige Pflanze. Geschützte Wildpflanze.
Pflege: Keine Pflegemaßnahmen notwendig.

Caltha palustris

Sumpf-Dotterblume
Ranunculaceae, Hahnenfußgewächse

Heimat: Europa, Kleinasien, N-Amerika.
Wuchsform: Horstige Sumpfpflanze mit kräftigem Wurzelstock.
Blatt: Gestielt, rund bis herzförmig, 5–8 cm breit, glänzendgrün.
Blüte: Goldgelbe Blütenschalen am Ende verzweigter Stiele, III–V.
Frucht: Balgfrucht, Samen glänzend.
Verwendung: Dauerfeuchte Stellen in nährstoffreichen Böden, Teichrand, sonnig bis halbschattig. 4–6 Pfl./m².
Vermehrung: Teilung im Frühling; Aussaat sofort nach der Ernte, Töpfe müssen feucht sein!
Sorte: 'Multiplex' gefüllte Blüten.
Pflege: Keine Pflegemaßnahmen notwendig.

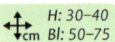 H: 30–40 cm Bl: 50–75 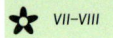 VII–VIII II

 H: 10 cm Bl: 10 VI–IX  III

Carex grayi

Morgenstern-Segge
Cyperaceae, Zyperngrasgewächse

Heimat: Atlantisches N-Amerika.
Wuchsform: Aufrecht, horstig.
Blatt: Schmal, bandförmig, im Herbst gelblich.
Blüte: Unscheinbare Köpfchen, VII–VIII.
Fruchtstand: Auffällige Köpfchen in Form einer Stachelkeule.
Verwendung: Wasserrand, Schnitt, Trockensträuße, sonnige bis halbschattige Standorte. 16 Pfl./m².
Vermehrung: Teilung, Aussaat im Frühling.
Hinweis: Versamt sich an zusagenden Plätzen.
Pflege: Keine Pflegemaßnahmen notwendig.

Ceratophyllum demersum

Raues Hornblatt
Ceratophyllaceae, Hornblattgewächse

Heimat: Weltweite Verbreitung, Kosmopolit.
Wuchsform: Flach, liegend, schwimmende Triebe im Wasser bilden kaum Wurzeln. Wassertiefe: –30 bis –60 cm bis –200 cm Tiefe.
Blatt: Blattquirle hornartig, bis zu 2 cm lang, doppelt gegabelt.
Blüte: Unscheinbar, grünlich, werden unter Wasser bestäubt, VI–IX.
Fruchtstand/Frucht: Unscheinbar.
Verwendung: Auch für kleine Teiche und Wasserbecken als Sauerstofflieferant in sonnigen bis halbschattigen Lagen. 4 Pfl./m².
Vermehrung: Teilung der Sprosse ganzjährig möglich.
Pflege: Keine Pflegemaßnahmen notwendig.

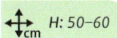 H: 50–60 cm 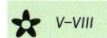 V–VIII  I

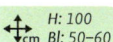 H: 100 cm Bl: 50–60   IV–V   I

Dactylorhiza maculata

Geflecktes Knabenkraut, Fingerwurz
Orchidaceae, Orchideengewächse

Heimat: Europa, Mittelmeergebiet.
Wuchsform: Aufrecht, horstbildend. Knollen handförmig geteilt.
Blatt: Lanzettlich, grün, Blütenstiel mit Tragblättern.
Blüte: 3-teilig, in langer Ähre zusammenstehend, blassviolett bis weiß, V–VIII.
Frucht: Längliche Kapsel, staubfeine Samen.
Verwendung: In sonnigen humusreichen Natur- und Steingärten. 6 Pfl./m².
Vermehrung: Teilung bei alten Horsten im Frühling, Aussaat in Speziallabors.
Hinweis: Geschützte Wildpflanze. Handel nur mit Pflanzen gärtnerischer Herkunft erlaubt.
Pflege: Kommt auf sauren Böden ohne Pflege zurecht.

Darmera peltata

Schildblatt
Saxifragaceae, Steinbrechgewächse

Heimat: USA.
Wuchsform: Aufrecht, Verbreitung durch dicke Rhizome.
Blatt: Langstielig, schildförmig, 30–60 cm Durchmesser, im Herbst rot.
Blüte: In vielblumiger Trugdolde, rosa, vor den Blättern, IV–V. Vor Spätfrösten schützen.
Frucht: Zweispaltige Kapsel, viele feine Samen.
Verwendung: An feuchten Teichrändern, einzeln oder in Gruppen an sonnigen bis halbschattigen Standorten. 1–3 Pfl./m².
Vermehrung: Teilung der Rhizome im Vorfrühling.
Pflege: Keine Pflegemaßnahmen notwendig.

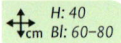 *H: 40* *Bl: 60–80*   VI–VIII   II   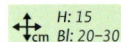 *H: 15* *Bl: 20–30*   IV–V   II

Filipendula ulmaria

Echtes Mädesüß
Rosaceae, Rosengewächse

Heimat: Europa, Kleinasien, Nordsibirien.
Wuchsform: Aufrecht, locker.
Blatt: Gefiedert, Stängel beblättert.
Blüte: An Doldenrispen über dem Laub, klein, weißgelb, VI–VIII.
Frucht: Sammelfrucht, klein, braun.
Verwendung: An sonnigen wassernahen Standorten großer Gärten, zum Verwildern. Heilpflanze. 4–6 Pfl./m².
Vermehrung: Teilung im Frühling.
Sorte: 'Aurea', gelbgeflecktes Laub.
Pflege: Nach der Blüte die ganze Pflanze zurückschneiden, das regt das Wachstum neuer Blätter an.

Fritillaria meleagris

Schachblume, Kiebitzei
Liliaceae, Liliengewächse

Heimat: Europa, Kaukasus.
Wuchsform: Aufrecht, horstige Zwiebelpflanze. Zieht nach Samenreife ein.
Blatt: Lineal-lanzettlich, graugrün.
Blüte: 1–2 hängende, große Glockenblüten, violett-braun, weiß, IV–V.
Frucht: Kapsel dreifächerig.
Verwendung: In Gruppen in humosen, durchlässigen Böden in voller Sonne. 11 Pfl./m².
Vermehrung: Aussaat nach der Samenreife.
Sorten: 'Aphrodite', reinweiß; 'Orion', matt rotviolett; 'Purple King', rotviolett.
Hinweis: Zwiebeln sind weichhäutig, dürfen nicht austrocknen. Geschützte Wildpflanze.
Pflege: Nach dem Einziehen der Pflanze, können die verdorrten Triebe abgeschnitten werden.

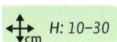 H: 10–30   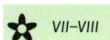 VII–VIII   I

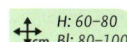 H: 60–80   Bl: 80–100   VI–VII   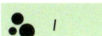 I

Hippuris vulgaris

Tannenwedel
Hippuridaceae, Tannenwedelgewächse

Heimat: Europa, N-Amerika, N-Asien.
Wuchsform: Unter Wasser Ausläufer bildend, aufrecht. Höhe: 10–30 cm über Wasser.
Blatt: Nadelähnlich, waagerecht abstehend, quirlständig, 1–2 cm lang, grün.
Blüte: Unscheinbar in den Blattachseln, rosa, VII–VIII.
Frucht: Unscheinbare Steinfrucht.
Verwendung: Zur Sauerstoffversorgung von Teichen. Sonnige Standorte. In Kübel pflanzen, die Pflanze breitet sich sonst sehr stark aus! 2 Pfl./m².
Vermehrung: Teilung der Rhizome im Frühling.
Pflege: Regelmäßig ausdünnen.

Iris pseudacorus

Sumpf-Schwertlilie
Iridaceae, Schwertliliengewächse

Heimat: Europa, Vorderasien bis Sibirien, N-Afrika.
Wuchsform: Aufrecht, rhizombildend.
Blatt: Schwertförmig, spitz, hellgrün.
Blüte: Kleine Dom-, breite Hängeblätter, gelb.
Fruchtstand/Frucht: 3-fächrige Kapsel mit zahlreichen, braunen Samen.
Verwendung: Am Rand von Naturteichen und großen Wasserbecken in sonnigen bis halbschattigen Lagen. Heilpflanze. 2–4 Pfl./m².
Vermehrung: Teilung der Rhizome im Frühling, Aussaat.
Sorte: 'Beuron', größere Blüten.
Hinweis: Zum Teil Selbstaussaat möglich.
Pflege: Rückschnitt im zeitigen Frühjahr etwa eine Handbreit über dem Boden.

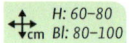 H: 60–80
cm Bl: 80–100   VI    II

 H: 20
cm Bl: 30   III–IV   III

Iris sibirica

Sibirische Schwertlilie
Iridaceae, Schwertliliengewächse

Heimat: Europa, Kaukasus, Sibirien.
Wuchsform: Aufrecht, horstig. Stängel hohl.
Blatt: Grasartig, überhängend, hellgrün.
Blüte: Aufrechte Dom- und breite Hängeblätter, geadert, leuchtend blau, VI.
Fruchtstand/Frucht: 3-fächrige, schmale Kapsel mit zahlreichen, braunen Samen.
Verwendung: In nährstoffreichen Böden an sonnigen Standorten. 6 Pfl./m².
Vermehrung: Teilung im Frühling, Aussaat.
Sorten: 'Caesars Brother', nachtblau; 'Cambridge', hellblau, großblumig (Bild); 'Schwan', weiß.
Hinweis: Geschützte Wildpflanze.
Pflege: Rückschnitt im Herbst etwa eine Handbreit über dem Boden.

Leucojum vernum

Märzenbecher, Frühlings- Knotenblume
Amaryllidaceae, Amaryllisgewächse

Heimat: Mitteleuropa, S-Europa.
Wuchsform: Blätter überhängend, Blüten aufrecht, horstige Zwiebelpflanze. Zieht ein.
Blatt: Linealisch, glänzend, dunkelgrün.
Blüte: Glockig, 1- bis 2-blütig, hängend, weiß.
Frucht: Hängende Beere, selten.
Verwendung: Locker in mit Stauden und Gräsern bepflanzten Flächen in sonnigen bis halbschattigen Lagen. Flächig. 25 Pfl./m².
Vermehrung: Samen und Brutzwiebeln (im Sommer).
Hinweis: Nach der Blüte verpflanzen. Zwiebeln nicht austrocknen lassen. Geschützte Wildpflanze. Giftig.
Pflege: Pflanze zieht nach der Blüte ein und braucht keine weitere Pflege.

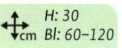 H: 30 cm Bl: 60–120   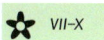 VII–X   II

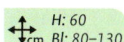 H: 60 cm Bl: 80–130   VII–VIII   I

Liatris spicata

Prachtscharte
Asteraceae, Asterngewächse

Heimat: Östliches und südliches N-Amerika.
Wuchsform: Straff aufrecht, horstig.
Blatt: Linealisch, grün, Stängel beblättert.
Blüte: Blütenkörbchen zu vielen an einem ährigen Blütenstand, lila, blüht von oben nach unten! VII–X.
Fruchtstand: Körbchen.
Verwendung: Staudenbeete in voller Sonne. Schnittpflanze. Bienenweide. 16 Pfl./m².
Vermehrung: Teilung des knollenartig verdickten Wurzelstocks im Frühling.
Sorten: 'Kobold', 40 cm, lila; 'Floristan Weiß', 90 cm (Bild), Samen fällt sortenecht.
Hinweis: Andere Arten eignen sich eher für trockene Plätze z. B. *L. pycnostachya.*
Pflege: Verblühte Stängel regelmäßig entfernen, Rückschnitt der ganzen Pflanze im Frühjahr etwa eine Handbreit über dem Boden.

Ligularia przewalskii

Kerzen-Goldkolben
Asteraceae, Asterngewächse

Heimat: Nordchina.
Wuchsform: Buschig, horstig.
Blatt: Tief handförmig gelappt, am Rand stark eingeschnitten.
Blüte: Körbchen mit gelben Zungenblüten, in ährigen Trugdolden über dem Laub, VII–VIII.
Fruchtstand: Körbchen.
Verwendung: Solitärstaude. Am Gehölzrand, auch Freifläche und Wasserrand; halbschattig, frisch bis feucht. 2 Pfl./m².
Vermehrung: Teilung im Frühling.
Ähnliche Art: *L. stenocephala*, bis 180 cm hoch, gelb.
Hinweis: Empfindlich gegen Hitze und Trockenheit. Blätter welken bei Besonnung.
Pflege: Vor Schnecken schützen. Nicht umpflanzen. Nach der Blüte zurückschneiden. Rückschnitt der ganzen Pflanze im Herbst.

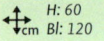 H: 60 cm Bl: 120  VII–IX   I

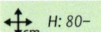 H: 80– cm   IV–V   I

Lobelia cardinalis

Kardinals-Lobelie, Leuchtende Lobelie
Campanulaceae, Glockenblumengewächse

Heimat: Östliches N-Amerika.
Wuchsform: Aufrecht, horstig.
Blatt: Verkehrt eiförmig, ganzrandig, grün.
Blüte: In Doldentrauben, 3-teilig gelappte Einzelblüte, leuchtend rot, VII–IX.
Frucht: Kapsel.
Verwendung: Einzeln oder in kleinen Gruppen an feuchten, sonnigen Plätzen. 8 Pfl./m².
Vermehrung: Teilung, Aussaat im Frühling.
Hinweis: Spätblüher mit leuchtender, außergewöhnlicher Blütenfarbe. Mit Winterschutz.
Pflege: Unbedingt auf ausreichende Wasserversorgung achten.

Lysichiton americanus

Gelbe Scheinkalla
Araceae, Aronstabgewächse

Heimat: N-Amerika.
Wuchsform: Aufrecht, locker, rhizombildend.
Blatt: Verkehrt-eiförmig, riesig, 30 cm breit, erscheint nach der Blüte.
Blüte: Kolben mit gelber Spatha, 25 cm lang, 12 cm breit, IV–V.
Frucht: Kolben.
Verwendung: Sumpf- und Wassergärten, zusammen mit Primelarten in sonnigen bis halbschattigen Lagen. 1 Pfl./m².
Vermehrung: Teilung der Rhizome im Frühling.
Ähnliche Art: *L. camtschatcensis*, weiße Spatha.
Hinweis: Auffälliger Vorfrühlingsblüher, benötigt viel Platz!
Pflege: Bei Kahlfrösten vor Wind und Sonne schützen.

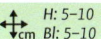 **H: 5–10 cm   Bl: 5–10** V–VII  III

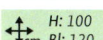 **H: 100 cm   Bl: 120** VI–VIII II

Lysimachia nummularia

Pfennigkraut
Primulaceae, Primelgewächse

Heimat: Europa, Kaukasus.
Wuchsform: Teppichartig kriechend, oberirdi-sche Ausläufer bildend.
Blatt: Rundlich, kreuzgegenständig angeordnet, dem Boden flach aufliegend, grün.
Blüte: Schalenblüte achselständig, gelb, V–VII.
Frucht: Kleine Kapseln.
Verwendung: Wichtiger Bodendecker für Teich- und Bachränder, auch Grabstätten in Sonne und Halbschatten. 11–25 Pfl./m².
Vermehrung: Teilung der Triebe.
Sorte: 'Aurea', goldgelbes Laub.
Pflege: Darf nicht austrocknen. Bei zu starker Ausbreitung teilweise abstechen.

Lythrum salicaria

Blut-Weiderich
Lythraceae, Weiderichgewächse

Heimat: Asien, Europa, Mittelmeergebiete, N-Amerika.
Wuchsform: Straff aufrecht, horstig.
Blatt: Lanzettlich, ganzrandig, grün.
Blüte: In ährigem Blütenstand, achselständig, violettrosa, VI–VIII.
Frucht: Kleine Kapsel.
Verwendung: An sonnigen Teichen, Naturgärten, Bächen. Schnittpflanze. 3–6 Pfl./m².
Vermehrung: Aussaat im Vorfrühling oder Steck-linge bei Sorten.
Sorten: 'Feuerkerze', rosarot; 'The Beacon', dun-kelrot, 80 cm.
Hinweis: Selbstaussaat.
Pflege: Keine Pflegemaßnahmen notwendig. Verblühte Triebe abschneiden, wenn Selbstaus-saat verhindert werden soll.

 H: 20
cm Bl: 30

 V–VI

 I

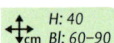 H: 40
cm Bl: 60–90

 VIII–X

 II

Menyanthes trifoliata

Fieberklee
Menyanthaceae, Fieberkleegewächse

Heimat: Kaukasus, Sibirien, Mittelasien.
Wuchsform: Niederliegend, meterlange Triebe liegen auf dem Wasser. Blütentriebe aufrecht.
Blatt: 3-teilig, gestielt, grün, eiförmige Fieder.
Blüte: 5-teilig, stark gefranst, an aufrechtem Blütenschaft traubig angeordnet, weiß, V–VI.
Frucht: Kugelig, erst grün, später braun.
Verwendung: Für kleinere und größere Wasser- und Sumpfanlagen in sonnigen bis halbschattigen Lagen. Heilpflanze. 11 Pfl./m².
Vermehrung: Rhizomteilung.
Hinweis: Geschützte Wildpflanze.
Pflege: Keine Pflegemaßnahmen notwendig.

Molinia caerulea

Moor-Pfeifengras
Poaceae, Süßgräser

Heimat: Europa.
Wuchsform: Aufrecht, horstig.
Blatt: Lineal, grün, im Herbst goldgelb.
Blüte: Fast schwarz, an steifen, knotenlosen Halmen, Rispen anliegend verzweigt, VIII–X.
Fruchtstand/Frucht: Karyopsen an Rispen.
Verwendung: Einzeln oder in kleinen Gruppen in Heidegärten, Teichrand, sonnig bis halbschattig. Schnittpflanze. Trockenbinderei. 11 Pfl./m².
Vermehrung: Teilung im Vorfrühling.
Sorten: 'Edith Dudszus', 90 cm; 'Moorhexe', 60 cm. (Bild: 'Strahlenquelle').
Besonderes: Halme dienten als Pfeifenreiniger.
Pflege: Rückschnitt im Frühjahr vor dem Neuaustrieb.

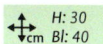 H: 30
cm Bl: 40   V–IX   II

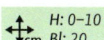 H: 0–10
cm Bl: 20   VI–VIII   I

Myosotis scorpioides

Gewöhnliches Sumpf-Vergissmeinnicht
Boraginaceae, Boretschgewächse

Heimat: Europa bis Sibirien, N-Amerika.
Wuchsform: Kissenförmig, kriechend durch Ausläufer.
Blatt: Lanzettlich, glänzend, frischgrün.
Blüte: In wickelartigen, lockeren Trauben, violettblau, V–IX.
Frucht: Kleine Nüsschen.
Verwendung: In kleinen Trupps an Teichrändern, sonnig bis halbschattig. Heilpflanze. 11 Pfl./m².
Vermehrung: Teilung im Frühling, Aussaat (große Variationsbreite bei Samenvermehrung).
Sorte: ‘Graf Waldersee’, tiefblau.
Pflege: Keine Pflegemaßnahmen notwendig.

Nuphar lutea

Teichrose, Mummel
Nymphaeaceae, Seerosengewächse

Heimat: Europa, Kleinasien, Sibirien.
Wuchsform: Schwimmblättrig, rhizombildende Wasserpflanze. Kräftiger Wurzelstock.
Blütenhöhe: 0–10/20 cm über dem Wasser, in 0,5–3 m tiefem Wasser.
Blatt: Herz-eiförmig, 30 cm groß, ganzrandig, glänzend grün, schwimmend bis aufrecht.
Blüte: Langgestielte Kugel, steht über dem Wasser, goldgelb, VI–VIII.
Fruchtstand/Frucht: Narbenscheibe flach, gelb.
Verwendung: Für größere Wasserflächen, einzeln an sonnigen bis halbschattigen Standorten. Heilpflanze. 1 Pfl./m².
Vermehrung: Teilung der Rhizome im Frühling.
Hinweis: Üppig in kalkarmen Seen.
Pflege: Keine Pflegemaßnahmen notwendig.

 H: 0 cm Bl: 10   V–X   I

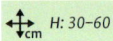 H: 30–60 cm   –   II

Nymphaea-Sorten

Seerose
Nymphaeaceae, Seerosengewächse

Heimat: Züchtung.
Wuchsform: Schwimmblättrige Wasserpflanze, armdicke Rhizome waagerecht.
Blütenhöhe: 0/10 cm über dem Wasser.
Blatt: Herzförmig, 20 cm groß, oft gefleckt, ganzrandig, glänzend grün, schwimmend.
Blüte: 10–20 cm Durchmesser, weiß, gelb, rosa, rot, schließt sich am Nachmittag, schwimmt.
Frucht: Kugelig, Samen steril.
Verwendung: Für kleinere und größere Wasserflächen in sonnigen Lagen, einzeln. Schnittpflanze. 0,3–0,5 Pfl./m².
Sorten: 'James Brydon', kirschrot (Bild); 'Laydekeri Purpurata', karminrot; 'Rosennymphe', rosa.
Vermehrung: Teilung.
Pflege: Alle vier Jahre teilen, das verjüngt die Pflanze.

Onoclea sensibilis

Perlfarn
Woodsiaceae, Wimperfarngewächse

Heimat: N-Amerika, O-Asien.
Wuchsform: Aufrecht, locker, ausläuferbildend.
Blatt: Sterile Wedel gefiedert, hellgrün, im Herbst goldgelb, sterben nach dem ersten Frost ab. Fertile Wedel (Sporophylle) straff aufrecht, bis 50 cm hoch, mit perlschnurartigen Sporenträgern.
Verwendung: Stark saure Humusböden, zu anderen Moorbeetpflanzen im Halbschatten. Blattschmuck. 6–11 Pfl./m².
Vermehrung: Teilung im Frühling.
Pflege: Rückschnitt im zeitigen Frühjahr vor dem Neuaustrieb.

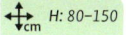 *H: 80–150* – I

 H: 20 Bl: 80 *VI–VII* I

Osmunda regalis

Königsfarn
Osmundaceae, Königsfarngewächse

Heimat: Kosmopolit.
Wuchsform: Locker aufrecht, horstig. Sie können sehr alt und mächtig werden.
Blatt: Doppelt gefiedert, Fiederchen oval, 4 cm lang, 1–2 cm breit, zart grün. Gelbe Herbstfärbung. Im oberen Teil fertiler Wedel (Sporophylle), braune Sporen ab VI.
Verwendung: Einzeln in Moorgärten, Bachrändern, am Teichrand im Halbschatten. Heilpflanze. 1 Pfl./m².
Vermehrung: Durch Sporen ab Anfang VI.
Sorte: 'Gracilis', 75 cm hoch, für kleinere Gärten.
Besonderes: Osmunda-Versteinerungen aus Karbonzeitalter sind bekannt.
Pflege: Rückschnitt im Frühjahr vor dem Neuaustrieb.

Polemonium caeruleum

Himmelsleiter, Jakobsleiter
Polemoniaceae, Sperrkrautgewächse

Heimat: Asien, Mitteleuropa.
Wuchsform: Aufrecht, horstig.
Blatt: 1-fach, seltener doppelt gefiedert, grün.
Blüte: Schalenblüte 1–2 cm breit, in kopfigen Blütenständen, himmelblau, VI–VII.
Frucht: Unscheinbar.
Verwendung: Wildstaudenpflanzungen, schön vor Sträuchern, auch in feuchten, sonnigen Lagen.
4–6 Pfl./m².
Vermehrung: Aussaat, auch Teilung im Frühling.
Sorten: 'Album', 80 cm, weiß; 'Azuro', 30 cm, blau.
Weitere Art: Weitere zwergige Arten für den Steingarten, u. a. *P. × richardsonii,* 40 cm.
Hinweis: Geschützte Wildpflanze.
Pflege: Rückschnitt nach der Blüte, kann eventuell noch einmal zur Blüte kommen.

H: 50–70 cm Bl: 60–80 | VI–IX | I

H: 30–70 cm | V–VIII | II

Pontederia cordata

Hechtkraut
Pontederiaceae, Hechtkrautgewächse

Heimat: N-Amerika.
Wuchsform: Aufrecht, kriechender Wurzelstock im Wasser.
Blatt: Herz-eiförmig, groß, glänzend grün, ganzrandig.
Blüte: In 10 cm langen Scheinähren über dem Laub, hellblau, reich blühend, VI–IX.
Frucht: Nuss.
Verwendung: Einzeln oder in Gruppen am Rand von Teichen aller Art in der Sonne. Pflanztiefe bis –30 cm. 4 Pfl./m².
Vermehrung: Teilung der Rhizome im Frühling.
Pflege: Winterschutz notwendig.

Potentilla palustris

Sumpfblutauge
Rosaceae, Rosengewächse

Heimat: Eurasien, N-Amerika.
Wuchsform: Locker-hostig, liegende, dann aufsteigende Triebe.
Blatt: Gestielt, 5–7-teilig, gefiedert, unterseits bläulich grün mit roter Herbstfärbung.
Blüte: Trüb dunkelpurpurn mit doppeltem Kelch, sternförmig, 2–3 cm groß. Kelchblätter sind doppelt so lang wie die eigentlichen Kronblätter.
Frucht: Kapsel.
Verwendung: Sumpfige Naturgärten und Teichränder in sonnigen Lagen.
Vermehrung: Teilung.
Hinweis: Wertvolle Wildstaude. Liebt saure Böden, verträgt keinen Kalk!
Pflege: Rückschnitt im zeitigen Frühjahr.

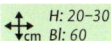 H: 20–30 cm Bl: 60 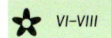 ✱ VI–VIII 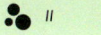 II

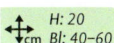 H: 20 cm Bl: 40–60 ✱ V–VII II

Primula × bullesiana

Terrakotta-Etagen-Primel
Primulaceae, Schlüsselblumengewächse

Heimat: Züchtung.
Wuchsform: Aufrecht, horstig.
Blatt: Spatelförmig, Rand doppelt gesägt, grün.
Blüte: Blütenstiel mit mehreren Etagen, quirl-
ständig, Einzelblüte mit röhrigem Schlund,
5-teilig, verschiedene Pastelltöne: gelb bis rot
und violett, VI–VIII.
Frucht: Kugelig.
Verwendung: In Wassernähe, an sumpfigen
Stellen in halbschattigen Lagen. Schnittpflanze.
11 Pfl./m².
Vermehrung: Aussaat im Vorfrühling, auch
Teilung.
Sorte: 'Ravenglass Vermilion', dunkelorangerot,
dunkles Laub.
Pflege: Keine Pflegemaßnahmen notwendig.

Primula japonica

Japanische Etagen-Primel
Primulaceae, Schlüsselblumengewächse

Heimat: Japan.
Wuchsform: Aufrecht, horstig.
Blatt: Spatelförmig, Rand gezähnt, grün.
Blüte: Blütenstiel mit mehreren Etagen, quirl-
ständig, Einzelblüte mit röhrigem Schlund,
5-teilig, rotviolett, V–VII.
Frucht: Kugelige Kapsel.
Verwendung: In Wassernähe, an sumpfigen
Stellen sowie vor Laubgehölzen an halbschatti-
gen Standorten. 8–11 Pfl./m².
Vermehrung: Aussaat im Vorfrühling, auch
Teilung.
Hinweis: Kombination mit säureliebenden
Stauden.
Pflege: Benötigt keine Pflege, am besten unge-
stört wachsen lassen.

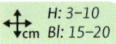 H: 3–10 cm Bl: 15–20   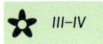 III–IV   II

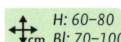 H: 60–80 cm Bl: 70–100   VI–VIII   I

Primula rosea

Rosen-Primel
Primulaceae, Schlüsselblumengewächse

Heimat: Afghanistan, Himalaja, Kaschmir.
Wuchsform: Rosettig, horstig.
Blatt: Länglich-eiförmig, gezähnt, frischgrün.
Blüte: Vor dem Laub, am Ende einer vielblütigen Doldentraube. Einzelblüte mit röhrigem Schlund, 5-teilig, hellrot, III–IV.
Frucht: Kugelige Kapsel.
Verwendung: In Wassernähe, an sumpfigen Stellen in sonnigen bis halbschattigen Lagen. Topftreiberei. 25–35 Pfl./m².
Vermehrung: Aussaat sofort nach der Samenreife, Teilung.
Sorte: 'Grandiflora', großblumig, violett, gute Schnittpflanze.
Hinweis: Kultur im Kasten mit humosem Boden. Folie zum Anstau von Wasser verwenden.
Pflege: Keine Pflegemaßnahmen notwendig.

Ranunculus lingua

Zungen-Hahnenfuß
Ranunculaceae, Hahnenfußgewächse

Heimat: Europa, Sibirien.
Wuchsform: Aufrecht, überhängend, ausläuferbildend.
Blatt: Lanzettlich, graugrün, kahl.
Blüte: Glänzend, bis 4 cm groß, goldgelb, VI–VIII.
Frucht: Sammel-Balgfrucht.
Verwendung: In kleinen Gruppen am sonnigen Wasserrand, Pflanztiefe –30 bis –5 cm. 4 Pfl./m².
Vermehrung: Abtrennen der Ausläufer.
Hinweis: Immer attraktiv.
Pflege: Rückschnitt im Frühjahr vor dem Neuaustrieb.

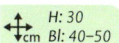 H: 30
cm Bl: 40–50   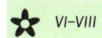 VI–VIII   II

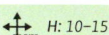 H: 10–15
cm   VI–VII   I

Sagittaria sagittifolia

Pfeilkraut
Alismataceae, Froschlöffelgewächse

Heimat: Skandinavien, Russland, Sibirien.
Wuchsform: Aufrecht, knolliger Wurzelstock, Ausläufer treibend.
Blatt: Pfeilförmig, lang gestielt, grün, im Herbst gelb.
Blüte: 3 Kronblätter, weiß, gelbe Staubblätter, in etagenförmigen Quirlen, VI–VIII.
Frucht: Kugelig.
Verwendung: Wasserflächen aller Art in sonnigen bis halbschattigen Lagen, Pflanztiefe –40 bis –10 cm. 4–11 Pfl./m^2.
Vermehrung: Teilung, Abtrennen der Ausläufer.
Sorte: 'Plena', weiß gefüllte Blüten.
Hinweis: Selbstaussaat.
Pflege: Keine Pflegemaßnahmen notwendig.

Stratiodes aloides

Krebsschere
Hydrocharitaceae, Froschbissgewächse

Heimat: Mitteleuropa bis zum Kaukasus.
Wuchsform: Rosettige Schwimmpflanze, auch submers. Bildet Ausläufer.
Blatt: 15–45 cm lang, lineal-lanzettlich, steif, am Rand bestachelt, mattgrün. Trichterförmige Rosette im Winter untergetaucht, im Sommer halb aus dem Wasser ragend.
Blüte: Zweihäusig, 3 weiße Kronblätter, wenig auffällig, VI–VII.
Frucht: Selten.
Verwendung: Für Teiche an meist sonnigen Standorten. 5–8 Pfl./m^2.
Vermehrung: Abtrennen der dünnen Ausläufer.
Besonderes: Die Rosette bildet im Wasser lange Wurzeln, mit Überwinterungsknospen.
Pflege: Keine Pflegemaßnahmen notwendig.

 H: 20
cm Bl: 30   IV–V   II

 H: 10
cm Bl: 50   V–VI   II

Trillium sessile

Braune Dreizipfellilie
Trilliaceae, Dreiblattgewächse

Heimat: Östliches N-Amerika.
Wuchsform: Aufrecht, horstig. Zieht nach der Blüte ein. Kurze Rhizome.
Blatt: Eiförmig zugespitzt, sitzend, immer 3 zusammen, grün mit braunen Flecken.
Blüte: 3 braunrote Petalen aufrecht, umgeben von 3 grünlichen Sepalen, IV–V.
Frucht: Rötliche Beere.
Verwendung: Einzeln oder in kleinen Gruppen zu Moorbeetpflanzen, schattig bis halbschattig. 16 Pfl./m².
Vermehrung: Teilung und Aussaat schwierig.
Weitere Arten: Angeboten werden auch andere Arten mit verschiedenen Blütenfarbe.
Hinweis: Rarität.
Pflege: Möglichst ungestört wachsen lassen, darf nicht austrocknen.

Trollius europaeus

Trollblume
Ranunculaceae, Hahnenfußgewächse

Heimat: Europa, Kaukasus.
Wuchsform: Aufrecht, horstig.
Blatt: Grundständig, am Stängel handförmig geteilt, fiederartig eingeschnitten.
Blüte: Einzeln am Ende des Stieles, hellgelb, kugelig, gelbe Staub- und Honigblätter, V–VI.
Frucht: Vielsamige Balgkapseln.
Verwendung: Feuchte bis nasse Plätze in kleineren Gruppen in sonniger Lage. 8 Pfl./m².
Vermehrung: Teilung im Frühling, Aussaat sofort nach der Ernte (Schwerkeimer).
Sorte: 'Superbus', zitronengelb, 60 cm. Schnittpflanze. Bienenweide.
Hinweis: Giftig! Geschützte Wildpflanze.
Pflege: Rückschnitt nach der Blüte oder vor dem Austrieb im Frühling etwa eine Handbreit über dem Boden.

 H: 50
cm Bl: 75

 V–VI

 II

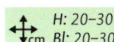 H: 20–30
cm Bl: 20–30

 V–VIII

 II

Typha minima

Zwerg-Rohrkolben
Typhaceae, Rohrkolbengewächse

Heimat: Europa, W-Asien bis zum Kaukasus.
Wuchsform: Aufrecht, locker, ausläufertreibende Sumpfpflanze.
Blatt: Sehr schmal, bandförmig, mattgrün.
Blüte: Weibliche Blütenkolben 3–4 cm lang, 1,5–2 cm dick, kastanienbraun. Oberhalb davon befinden sich die männlichen Blüten, grüngelb, unscheinbar, V–VI.
Fruchtstand/Frucht: Kolben, dunkelbraun.
Verwendung: Kleinere, sonnige Wasserflächen, bis −10 cm Tiefe. Auch für Tröge. Trockenbinderei. 6–11 Pfl./m².
Vermehrung: Abtrennen der Ausläufer im Frühling.
Pflege: Rückschnitt im Frühjahr vor dem Neuaustrieb.

Veronica beccabunga

Bachbungen-Ehrenpreis
Scrophulariaceae, Braunwurzgewächse

Heimat: Asien, Europa, N-Afrika.
Wuchsform: Niederliegend, kriechend, an den Knoten wurzelnd, Blütentriebe aufrecht.
Blatt: Elliptisch bis rund, gegenständig, 4 cm lang, glänzend grün, kerbig gezähnt.
Blüte: 10–30 Stück in den Blattachseln der Blütentrauben, dunkelblau, V–VIII.
Frucht: Nüsschen.
Verwendung: Uferzonen meist sonniger stehender und langsam fließender Gewässer, auch für Kaltwasser-Aquarien. 5–8 Pfl./m².
Vermehrung: Abtrennen der bewurzelten Ausläufer einfach.
Hinweis: Heilpflanze.
Pflege: Rückschnitt nach der Blüte oder vor dem Austrieb im Frühling etwa eine Handbreit über dem Boden.

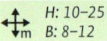 H: 10–25 B: 8–12   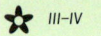 III–IV   L: 4–10 B: 3–8   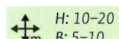 H: 10–20 B: 5–10   III–IV   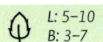 L: 5–10 B: 3–7

Alnus glutinosa

Schwarz-Erle
Betulaceae, Birkengewächse

Heimat: Europa bis Nordasien.
Wuchs: Aufrecht mit kegelförmiger Krone und waagerecht abstehenden Seitenästen. Borke flachschuppig, schwarzbraun, Holz verfärbt sich im Anschnitt orangerot.
Blatt: Knospen oft klebrig, wechselständig, Blätter breit eiförmig, ohne Spitze, fallen grün ab.
Blüte: Kätzchen. Einhäusig, männliche Blüten bräunlich gelb, weibliche Blüten nur 4 mm groß, rote Narben; III–IV.
Frucht: Zäpfchen schwarzbraun, bis 18 mm lang.
Verwendung: Freie Landschaft, besonders am Ufer, aber auch für viele andere Bereiche.
Sorte: 'Laciniata', geschlitzt.
Hinweis: Ideale Pionierpflanze, lässt sich auch gut auf den Stock setzen. Wurzeln sammeln Stickstoff.
Pflege: Kein Schnitt notwendig.

Alnus incana

Grau-Erle, Weiß-Erle
Betulaceae, Birkengewächse

Heimat: Europäische Gebirge, Alpenvorland.
Wuchs: Kegelförmige Krone mit aufstrebenden Seitenästen. Borke grauweiß, glatt, Triebe graufilzig, aber nicht klebrig.
Blatt: Wechselständig, eiförmig zugespitzt, unterseits weißgrau, keine Herbstfärbung.
Blüte: Einhäusig, männliche Kätzchen gelblich braun, weibliche Blütenzäpfchen rötlich; III–IV.
Frucht: Schwarzgraue Zäpfchen.
Verwendung: Gutes Pioniergehölz für die freie Landschaft.
Sorten/Arten: 'Aurea', Gold-Erle, Triebe und Blätter gelblich. *A. viridis*, heimischer vieltriebiger Strauch. Bis 3 m hoch wachsend. Scharf gesägter Blattrand.
Hinweis: Auf Erlenblattkäfer achten.
Pflege: Keine Schnittmaßnahmen notwendig.

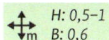 H: 0,5–1
B: 0,6 m

 V–VI

 L: 1,5
B: 1,5

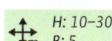 H: 10–30
B: 5 m

 IV–V

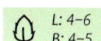 L: 4–6
B: 4–5

Betula nana

Zwerg-Birke
Betulaceae, Birkengewächse

Heimat: Nördliches Europa, östlich bis Sibirien.
Wuchs: Breit wachsender Zwergstrauch mit feinen Trieben.
Blatt: Rundlich, 5–15 mm, dunkelgrün, im Herbst gelb.
Blüte: Einhäusig. Blüten als aufrechte, unscheinbare Kätzchen, 0,8 mm lang; V–VI.
Frucht: Kätzchen braun, aufrecht, 1 cm lang. Nussfrucht.
Verwendung: In Moor- und Heidegärten an halbschattigen Standorten.
Hinweis: Als Seltenheit in süddeutschen Mooren.
Pflege: Regelmäßiger Erhaltungsschnitt.

Betula pubescens

Moor-Birke
Betulaceae, Birkengewächse

Heimat: Nordeuropa, Alpen, Vorderasien.
Wuchs: Hoher Baum mit aufstrebenden Ästen, ansteigende oder waagerechte Zweige. Krone eiförmig. Im Norden auch nur strauchig. Borke grauweiß, Triebe flaumig behaart.
Blatt: Breit eiförmig, 4–6 cm lang, dunkelgrün, Basis gerundet, Herbstfarbe gelb.
Blüte: Männliche Kätzchen goldgelb, 2–3 cm; Nussfrucht; IV–V.
Frucht: Weibliche Kätzchen 2–2,5 cm lang, enthalten viele geflügelte Nüsschen.
Verwendung: Freie Landschaft, Torfmoor-Renaturierung, sonnig und kühl.
Hinweis: *B. pubescens* subsp. *tortuosa*, die arktische Dreh-Birke, ist bestandsbildend in Skandinavien und Island, wird 3–8 m hoch (Bild).
Pflege: Bei richtiger Standortwahl sehr wüchsig.

↔ H: 0,5 / m B: 0,5   ✶ VII–IX   🍃 L: 6 / B: 0,3

↔ H: 0,5–1 / m B: 0,5   ✶ V–VI   🍃 L: 2 / B: 0,5

Erica tetralix

Glocken-Heide
Ericaceae, Heidekrautgewächse

Heimat: Nord- und West-Europa.
Wuchs: Niederliegend-aufrecht, 20–50 cm, Triebe graufilzig behaart.
Blatt: Nadelförmig linealisch, 3–6 mm lang, zu 4 in Wirteln, graugrün, immergrün.
Blüte: Blassrosa bis weiße bauchige Glöckchen, zu mehreren in endständigen köpfchenartigen Doldentrauben, 7 mm lang; VII–IX.
Frucht: Unscheinbare Kapseln.
Verwendung: In Heide- und Moorgärten in Sonne und Halbschatten.
Sorten: 'Hookstone Pink', 35 cm, leuchtend rosa; 'Alba', weiß (Bild).
Pflege: Nur anspruchslos in feuchten Moorböden, Rückschnitt nach der Blüte.
Pflege: Sonstiges in Pflege.

Gaultheria mucronata

Torfmyrte
Ericaceae, Heidekrautgewächse

Heimat: Süd-Chile.
Wuchs: Breit aufrechter, dicht verzweigter, immergrüner Strauch, viele Ausläufer.
Blatt: Wechselständig, ledrig, dunkelgrün, eiförmig, bis 2 cm lang, stachelspitz.
Blüte: Weiß, 5 mm groß, end- oder achselständig, zweihäusig; V–VI.
Frucht: Bis 12 mm große, kugelige Beerenfrüchte, je nach Sorte weiß, rot oder violett.
Verwendung: Für Hecken und Gruppen im Moorbeet im Halbschatten.
Sorten: 'Alba', weiß; 'Bells Seedling', rot; 'Rosea', rosa Früchte.
Hinweis: Kümmert in Kalkböden.
Pflege: Auf richtigen Standort achten, dann keine Pflege notwendig.

 H: 3–4 B: 3 m   I–III 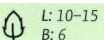 L: 10–15 B: 6

 H: 3 B: 2 m   V–VI 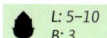 L: 5–10 B: 3

Hamamelis × intermedia

Zaubernuss
Hamamelidaceae, Zaubernussgewächse

Heimat: Sorte aus *H. japonica* × *H. mollis*.
Wuchs: Breit aufrechter Strauch, 3–4 m, schräg aufsteigende Zweige, Triebe graubraun.
Blatt: Eiförmig zugespitzt, 10–15 cm lang, wechselständig, Herbstfärbung gelb bis rot.
Blüte: Tiefgelb, 2–3 cm, gewellt, vierzählig, duftend, in Köpfchen; I–III.
Frucht: 2-klappige, verholzte Kapsel mit 2 schwarzen Samen.
Verwendung: Einzelstand im Vorgarten oder Terrasse im Halbschatten.
Sorten/Arten: 'Feuerzauber', rotorange (Bild); 'Jelena', gelb. 'Orange Beauty', orange; *H. japonica*.
Hinweis: Auffällige Winterblüher. Veredlungen auf *H. japonica*.
Pflege: Auf Schnittmaßnahmen verzichten.

Kalmia latifolia

Breitblättrige Lorbeerrose, Berglorbeer
Ericaceae, Heidekrautgewächse

Heimat: Östliche USA.
Wuchs: Breit aufrechter Strauch, in USA Kleinbaum bis 10 m Höhe.
Blatt: Wechselständig, elliptisch lanzettlich, 5–10 cm, beidseitig zugespitzt, immergrün, ledrig, unterseits hellgrün.
Blüte: Schüsselförmige, rosa Blüten in Trugdolden, 2,5 cm breit; V–VI.
Frucht: Braune Kapseln, 5 mm groß, wenig auffallend.
Verwendung: Einzelstellung im halbschattigen Heidegarten, zusammen mit Rhododendron.
Weitere Art: *K. angustifolia*, schmalblättrig, bis 1 m hoch.
Hinweis: Schönes, immergrünes Solitärgehölz, aber in allen Teilen giftig.
Pflege: Auf richtigen Standort achten, dann keine Pflege notwendig.

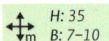 H: 35
B: 7–10

 IV–V

 L: 3,5
B: 0,3

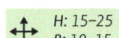 H: 15–25
B: 10–15

 IV–V

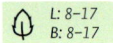 L: 8–17
B: 8–17

Metasequoia glyptostroboides

Urweltmammutbaum, Chinesisches Rotholz
Taxodiaceae, Sumpfzypressengewächse

Heimat: China (Provinzen Sichuan, Hubei).
Wuchs: Kegelförmige Krone, Stamm am Grund verbreitert. Wächst etwa 1 m pro Jahr. Borke fuchsrot bis graubraun, faserig, am Stamm tiefe Einbuchtungen.
Blatt: An Kurztrieben Nadeln hellgrün, kammförmig gescheitelt, Herbstlaub kupfern.
Blüte: Einhäusig, männliche Blüten an hängenden Blütenständen, weibliche Blüten endständig, gelbgrün; IV–V.
Frucht: Kugeliger, lang gestielter Zapfen, 2,5 cm.
Verwendung: In Gärten und Parkanlagen im Einzelstand, halbschattig.
Hinweis: Die Art wurde erst 1941 entdeckt.
Pflege: Korrektur- und Auslichtungsschnitt wird gut vertragen.

Quercus palustris

Sumpf-Eiche
Fagaceae, Buchengewächse

Heimat: Östliches Nordamerika.
Wuchs: Hoher Baum, Stamm durchgehend, breit kegelförmige Krone. Borke glatt mit silbrigen Längsstreifen, später rau. Äste waagerecht bis hängend.
Blatt: Verkehrt eiförmig, 8–17 cm lang, jederseits mit 2–4 spitzigen Lappen, glänzend grün, im Herbst rot. Wechselständig.
Blüte: Unscheinbar, gelbgrün; IV–V.
Frucht: Nuss 1–1,5 cm breit, in schüsselförmigem Becher.
Verwendung: An Teichen und Bächen in Parks an halbschattigen Standorten.
Hinweis: Leidet an trockenen Plätzen.
Pflege: Auf richtigen Standort achten, dann keine Pflege notwendig.

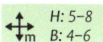 H: 5–8
B: 4–6

 IV–V

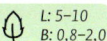 L: 5–10
B: 0,8–2,0

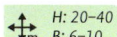 H: 20–40
B: 6–10

 III–IV

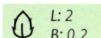 L: 2
B: 0,2

Salix matsudana 'Tortuosa'

Korkenzieher-Weide
Salicaceae, Weidengewächse

Heimat: Züchtung, die Art stammt aus Ostasien.
Wuchs: Kleinbaum oder Großstrauch mit spiralig gewundenen Ästen.
Blatt: Wechselständig, länglich lanzettlich, 5–10 cm lang, verdreht, mattgrün, im Herbst gelblich grün.
Blüte: Unscheinbar, grauweiße Kätzchen, vor dem Laubaustrieb; IV–V.
Verwendung: Einzeln in großen Gärten und Parks in Sonne und Halbschatten, Triebe sind beliebtes Beiwerk in der Floristik.
Hinweis: Auffälliges Ziergehölz.
Pflege: Schnittmaßnahmen sind nicht erforderlich.

Taxodium distichum

Sumpfzypresse
Taxodiaceae, Sumpfzypressengewächse

Heimat: Südliches Nordamerika.
Wuchs: Stamm durchgehend mit kegelförmiger Krone, im Wasser Atemwurzeln. Borke rotbraun, löst sich in schmalen Streifen ab.
Blatt: Frischgrüne Nadeln an Kurz- und Langtrieben, 1–2 cm lang, Herbstfärbung!
Blüte: Einhäusig, männliche Blüten an gelben Kätzchen; weibliche Blüten grün; III–IV.
Frucht: Zapfen braun, kugelig, 2 cm groß.
Verwendung: Einzeln in Parks, an und in Teichen. Dort Bildung von Wurzelknien.
Hinweis: Chloroseerscheinungen in kalkhaltigen Böden. Im Winter kahl.
Pflege: In den ersten Jahren Winterschutz geben.

Serviceseiten

Machen Sie Ihren Garten zu einem immerblühenden Paradies. Mithilfe der Blühkalender können Sie ganz leicht die passenden Pflanzen auswählen und Ihre Nachbarn neidisch werden lassen. Außerdem gibt's noch Tipps, wo Sie die pflanzlichen Schönheiten erwerben können.

Ein Platz an der Sonne

JAN	FEB	MÄR	APR	MAI	JUN	JUL	AUG	SEP	OKT	NOV	DEZ
		☆	☆								
			☆	☆							
			☆	☆							
					☆	☆					
		★	★								
					★	★	★	★			
					★	★	★				
					★	★	★				
						★	★	★			
							★	★	★		
					★	★	★				
				★	★						
								★	★		
			★	★							
				★	★						
					★	★	★				
					★						
						★	★	★			
							★	★			
								★	★		
						★	★	★			
					★	★	★				
					★	★					
					★	★					
						★					

Schatten und Licht

Deutscher Name	Seite
Deutzie	69
Japanische Herbst-Anemone	48
Mahonie	72
Johanniskraut	59
Gold-Geißblatt	71
Frauenmantel	47
Frauenschuh	52
Japanische Azalee	73
Prachtspiere	49
Duftender Schneeball	75
Bergenie	50
Tränendes Herz	53
Moos-Steinbrech	64
Japanischer Spierstrauch	74
Große Sterndolde	50
Waldrebe	68
Kugel-Primel	63
Catawba-Rhododendron	73
Pracht-Storchschnabel	56
Funkien	90
Strahlen-Anemone	48
Kaukasus-Vergissmeinnicht	51
Gedenkemein	62
Akelei	49
Blauer Eisenhut	46

JAN	FEB	MÄR	APR	MAI	JUN	JUL	AUG	SEP	OKT	NOV	DEZ
					☆	☆					
								☆	☆		
			☆	☆							
			☆	☆							
				☆	☆	☆					
				☆	☆	☆					
				☆	☆						
				☆							
						☆	☆	☆			
☆	☆	☆	☆							☆	☆
			☆	☆							
			☆	☆							
			☆	☆							
					☆	☆	☆	☆			
					☆	☆	☆				
						☆	☆	☆			
		☆	☆								
			☆	☆							
				☆	☆						
					☆	☆					
		☆	☆								
			☆	☆							
			☆	☆							
				☆	☆						
						☆	☆				

Schöner Schatten

JAN	FEB	MÄR	APR	MAI	JUN	JUL	AUG	SEP	OKT	NOV	DEZ
		☆	☆								
			☆	☆							
			☆	☆							
				☆	☆						
				☆	☆						
				☆	☆						
				☆	☆						
					☆	☆					
								☆	☆		
	☆	☆	☆	☆							
	☆	☆									
		☆	☆								
			☆	☆							
			☆	☆							
				☆	☆	☆	☆	☆			
				☆	☆						
				★	★	★					
	☆	☆	☆								
		☆	☆								
		☆	☆								
			☆	☆							
							☆	☆			
				★	★						
				☆	☆						
			☆	☆							

Steine, Sand und Mauerritzen	Deutscher Name	Seite
	Bärentraube	130
	Schleifenblume	121
	Edelweiß	123
	Alpen-Aurikel	126
	Ginster	132
	Schwefel-Lauch	111
	Garbe	110
	Teppich-Phlox	125
	Zwerg-Rhododendron	137
	Seidelbast	131
	Steintäschel	111
	Teppich-Schleierkraut	120
	Grasnelke	113
	Rosen-Lauch	112
	Woll-Thymian	129
	Igelpolster	110
	Vorfrühlings-Alpenrose	138
	Kuhschelle	126
	Alpen-Aster	114
	Flieder	139
	Lavendel	134
	Schwertlilie	122
	Enzian	119
	Blaukissen	115
	Bartblume	130

JAN	FEB	MÄR	APR	MAI	JUN	JUL	AUG	SEP	OKT	NOV	DEZ
		☆	☆								
			☆	☆							
					☆	☆	☆				
			☆	☆	☆						
				☆	☆						
					☆	☆	☆				
					☆	☆					
			★	★							
				★							
			☆	☆	☆						
			☆	☆	☆						
				☆	☆	☆	☆				
				☆	☆						
					☆	☆					
					☆	☆					
						☆	☆				
	★	★	★								
		★	★								
				★	★						
					★						
						★	★				
			☆	☆							
				☆	☆						
				☆							
						☆	☆	☆			

Keine Angst vor nassen Füßen

JAN	FEB	MÄR	APR	MAI	JUN	JUL	AUG	SEP	OKT	NOV	DEZ
		☆	☆								
				☆	☆	☆					
				☆	☆						
					☆	☆	☆	☆	☆		
					☆	☆	☆	☆			
★	★	★									
		★	★	★							
			★	★							
				★	★						
					★	★	★				
					★	★	★				
					★	★					
						★	★				
						★	★	★			
★	★	★	★								
				★	★	★	★	★	★		
				★	★	★	★				
				★	★						
					★	★	★				
			★	★							
				★	★	★	★				
					★	★	★				
						★	★	★	★		
				★	★	★	★	★			
					★						

Bezugsquellen

Baumschulen

Baumschule Allmendinger, Baumschulhof,
  73092 Heiningen,
  www.garten-allmendinger.de
Baumschule Eggert, Baumschulenweg 2,
  25594 Vaale, www.eggert-baumschulen.de
Baumschule Messerle, Aspenhof 1,
  73269 Hochdorf, www.messerle.de
Baumschule Wörlein, Baumschulweg 9,
  86911 Dießen am Ammersee,
  www.woerlein.de
Baumschulen Lappen, Herrenpfad 14,
  41334 Nettetal, www.lappen.de
Biermann, Dieter & Sohn, Im Felde 53–55,
  25499 Tangstedt,
  www.baumschulen-biermann.de
Bruns Pflanzen, Johann-Bruns-Allee 1,
  26160 Bad Zwischenahn, www.bruns.de
Christoph Ulmer Baumschulen,
  Obere Grabenstr. 34, 73235 Weilheim/Teck,
  www.ulmer-baumschulen.de
Geiger, Garten- und Landschaftsbau, Tulpen-
  str. 59, 72108 Rottenburg-Kiebingen
Lorenz von Ehren, Maldfeldstr. 4,
  21077 Hamburg, www.lve-baumschule.de
Schlegel, Karl, Göffinger Str. 40,
  88499 Riedlingen, www.karl-schlegel.de

Staudenbetriebe

Fehrle Stauden, 73527 Schwäbisch-Gmünd/
  Lindach, www.fehrle-stauden.de
Frei Weinlandstauden, CH-8465 Wildensbuch,
  www.frei-weinlandstauden.ch
Gräfin von Zeppelin, 79295 Sulzburg-Laufen,
  www.graefin-von-zeppelin.de
Jelitto-Staudensamen, 29685 Schwarmstedt,
  www.jelitto.de
Sarastro-Stauden, C. H. Kreß, A-4974 Ort/Inn-
  kreis, www.sarastro-stauden.com
Schleipfer, Eugen, 86356 Neusäß,
  Tel.: 0821–464450
Simon, Werner, 97828 Marktheidenfeld,
  www.gaertnerei-simon.de
Staudengärtnerei Frank, 82064 Holzhausen
  (bei Straßlach), www.stauden-frank.de
Staudengärtnerei Gaissmayer, Jungviehweide 3,
  89257 Illertissen, www.gaissmayer.de
Stauden-Junge, 31787 Hameln,
  www.bluetenblatt.de
Staudenkulturen Stade, 46325 Borken,
  www.stauden-stade.de

Bildquellen

Bärtels, Andreas S. 35 r., 42 l., 73 r., 101 l., 103 r., 104 r., 105 l., 106 l., 131 l., 137 r., 166 r., 168 r., 169 l.

Botanikphoto/Steffen Hauser S. 2

Flora Press/GAP S. 10, 44, 172, 174

Flora Press/Visions S. 108, 178

Fotolia/Frédéric Georgel S. 170

GAP Photos/Richard Bloom Titelbild

iStockphoto/cjmckendry S. 9

iStockphoto/Nina Kaiser S. 76, 176

iStockphoto/zorani S. 7

Köhlein, Fritz S. 23 l., 24 r., 46 l., 62 l., 80 l., 91 r., 93 l., 121 l., 124 l., 152 l., 152 r., 155 r.

Morell, Eberhard S. 39 r., 67 r., 71 r., 72 r., 73 l., 75 r., 100 r., 102 r., 103 l., 104 l., 130 r., 138 r., 167 l., 167 r.

Muer, Thomas S. 93 r., 163 r.

Pasche, Erich S. 17 r.

Pirc, Dr. Helmut S. 37 l., 38 l., 38 r., 39 l., 40 l., 41 r., 43 l., 68 l., 69 r., 74 r., 102 l., 133 l., 135 l., 136 l., 139 r.

Redeleit, Wolfgang S. 140, 180

Reinhard, Nils S. 35 l.

Die Aquarelle auf U2 und U3 wurden von Suzanne Voogt nach Vorlagen von Andreas Barlage gefertigt.

Register der deutschen Pflanzennamen

Register der botanischen Pflanzennamen

188 Serviceseiten

Die in diesem Buch enthaltenen Empfehlungen und Angaben sind vom
Autor mit größter Sorgfalt zusammengestellt und geprüft worden. Eine
Garantie für die Richtigkeit der Angaben kann aber nicht gegeben werden.
Autor und Verlag übernehmen keinerlei Haftung für Schäden und Unfälle.

Bibliografische Information der Deutschen Nationalbibliothek
Die Deutsche Nationalbibliothek verzeichnet diese Publikation in der Deutschen Nationalbibliografie; detaillierte bibliografische Daten sind im Internet
über http://dnb.d-nb.de abrufbar.

© 2011 Eugen Ulmer KG
Wollgrasweg 41, 70599 Stuttgart (Hohenheim)
E-Mail: info@ulmer.de
Internet: www.ulmer.de
Lektorat: Kristina Maier, Antje Krause
Herstellung: Silke Reuter
Umschlagentwurf: Atelier Reichert, Stuttgart
Satz: pagina GmbH, Tübingen
Druck und Bindung: Firmengruppe APPL, aprinta druck, Wemding
Printed in Germany

ISBN 978-3-8001-6953-5